明清
職業扮遊秀

城菁汝／著
簡志剛／繪

三民書局

國家圖書館出版品預行編目資料

明清職業扮裝秀 / 城菁汝著;簡志剛繪.－－初版
一刷.－－臺北市: 三民, 2018
　　面；　　公分－－(兒童文學叢書/歷史遊戲王)

ISBN 978－957－14－6351－3　　(精裝)

1.明清史 2.通俗史話

626　　　　　　　　　　　　　　　106021172

ⓒ　明清職業扮裝秀

著 作 人	城菁汝
繪　　者	簡志剛
企劃編輯	蕭遠芬
責任編輯	吳尚玟
美術設計	李唯綸
發 行 人	劉振強
著作財產權人	三民書局股份有限公司
發 行 所	三民書局股份有限公司
	地址　　臺北市復興北路386號
	電話　　(02)25006600
	郵撥帳號　0009998-5
門 市 部	(復北店) 臺北市復興北路386號
	(重南店) 臺北市重慶南路一段61號
出版日期	初版一刷　2018年1月
編　　號	S 630491

行政院新聞局登記證局版臺業字第○二○○號

有著作權·不准侵害

ISBN　978-957-14-6351-3　　(精裝)

http://www.sanmin.com.tw　三民網路書店
※本書如有缺頁、破損或裝訂錯誤，請寄回本公司更換。

歷史遊戲王

「你喜歡歷史嗎？」問到這個問題，大概搖頭的人比點頭的人多吧！老師上課，只要一講到課本中的許多人名、地名，很快就會把大家的瞌睡蟲給招來了。

「這怎麼行！」一群熱愛歷史的叔叔、阿姨聽到馬上跳起來，大家七嘴八舌，決定進行一場神祕任務，讓小朋友重新認識歷史，並且愛上它。

「該怎麼做呢？」我們想到把歷史和小朋友最喜歡的遊戲結合起來，推出一系列的「歷史遊戲王」，把中國歷史變成各式各樣有趣的遊戲：

你可以在夏、商、周大玩疊疊樂，看看古人如何建立社會制度，再變身為新時代；

在秦漢魏晉南北朝加入大富翁戰局，搶奪中國地盤上最強的皇帝寶座；

當然，你更要一起大話隋唐，跟英雄們找尋戰友，一步步踏上天下霸主的位置；

還有舉行歷史爭霸戰，宋朝、元朝的皇帝需要你來幫忙，成為擂臺盟主；

來到明清時代，職業扮裝秀帶我們體驗，成為各行各業的達人；

最後，魔幻守護者要解決晚清民初的各種挑戰，需要你一起動動腦筋了。

「哇！這真是太豐富了！」雖然我們利用遊戲的概念包裝歷史，但是真正精彩、吸引人的是歷史本身。許許多多的歷史人物、故事串成歷史，而這條時間的長河，也帶著人們向前行。三民書局為小朋友量身打造這套中國歷史，希望小朋友看完了以後，可以很高興的和朋友分享：「歷史，真是超～級～有～趣～！」

推薦序

　　1902 年，德國考古學家科爾德威 (Robert Koldewey)，在今天伊拉克首都巴格達南方約七十五公里，發掘了被風沙掩埋千年的古巴比倫。走在尼布甲尼撒二世所建的壯麗城門，科爾德威在城牆上解讀出來的第一句話是：

　　「過去的一切被現在制定著，現在的一切被未來制定。」

　　遠在二千多年前，巴比倫人就意識到歷史是現代人所書寫，充滿後設與偏見。胡適則將歷史比喻成一位小姑娘，任人打扮。各朝各代，都有自己的審美取向，今人打扮古人，後人也會打扮今人。

　　爬梳前人所留下的筆跡墨痕，文字與想像所織就的虛妄，遺址與廢墟所構築的迷茫，其中有太多太多的話語縫隙，給了我們重新品讀歷史的可能，在流轉的過往中尋找新的意義。

　　對於大人而言，歷史負載了太多的使命與任務，知識面、政治面、道德面……，但歷史在孩子眼中，又是什麼模樣？

　　褪去了種種試圖加諸歷史的外衣，孩子們可以全心感受歷史的迷人之處：傳說故事的曲折離奇，引人入勝；群雄爭霸或一統帝國的雄心壯志，成王敗寇；文化藝術凝結的瑰寶，更是燦爛輝煌。歷史如同一篇篇的樂章，傳唱他們的故事。在史蹟與偉人的榮光裡，看到一個時代的理性與瘋狂，進步與反動、昇華與墮落，那是時代的聲音。

　　讀歷史，是一場遊戲。

　　在競爭與合作的趣味中，處處是人性的紋理。三民書局「歷史遊戲王」建起一座遊樂場，透過孩子熟悉的遊戲模式，傳達中國各時代的精神與歷史意義，例如用疊疊樂的概念比擬上古時代文化和制度的奠基與崩壞，又如用大富翁遊戲讓孩子了解秦漢到隋唐之間的地盤爭勝……。

　　那麼，讀歷史，有用嗎？

　　歷史不是積塵的老古董，審視那些充滿血性與骨質的細節，會令我們感受生活的炎涼與無常，人世的無情與哀傷。閱讀歷史，是一場探究人心、理解人心的冒險，是一趟哥倫布式的精神發現，穿越無知的汪洋，抵達理性、知性與感性的彼岸。

　　啟程吧！帶領孩子一同進入歷史的探索冒險！點燃他們對歷史興趣的火苗！

作家節目主持人

謝哲青

作者的話

　　寫這本書時，是我進入博士最後階段，緊張地準備博士口試跟博士論文定稿的關鍵時刻。是否有時間寫這本書，我猶豫了一下，但三民書局編輯以「臺灣兒童讀物出版多翻譯或引進國外作品，很需要臺灣自己寫的歷史故事給小朋友」，多麼有力量又有意義的說服辭，聽完就只能義不容辭地接下這個工作。由此可知「編輯」真的需要良好的溝通能力，才能說服作家心甘情願地加入文字生產行列（職業扮裝7：編輯）。

　　本書內容是「從明朝到清朝鴉片戰爭前的歷史」，開始寫作後，我就問自己：究竟「明清史」跟「臺灣」哪裡有關係呢？該怎麼樣拉近臺灣小朋友與明清史的距離？最後終於想到明清史跟臺灣有關係的三個點，並試著把這些放入書本內容中。讓我們來看看是哪三個點呢？

1. 職業達人：歷史上的名人都是當代的職業達人。本書希望透過8種明清職業達人的「養成技能」與「必殺絕技」扮裝遊戲，提供小朋友認識更多元的職業。

另外兩點是臺灣收藏了許多明清的文物證據，分別是在兩個博物館裡：

1. 中央研究院歷史語言研究所歷史文物陳列館：典藏清朝皇帝傳位聖旨「康熙遺詔」（第六章）。
2. 國立故宮博物院：典藏明清兩代皇帝文物，呈現美學家雍正皇帝品味的「清雍正琺瑯彩瓷青山水碗」（第六章），以及畫馬大師郎世寧「百駿圖」（第八章）。

　　作為一個遊走於童書寫作與博物館學研究的穿越者，我很期待將博物館以文物說故事的方式，與歷史童書寫作結合。所以試著以「有證據有真相」的方式（「證據」指可以親眼看到的「文物」）來說故事。讓小朋友閱讀後，若有興趣可以親自去博物館參觀，鼓勵小朋友以「眼見為憑」的方式，認識歷史。就像第一章「職業扮裝1：調查員」，小朋友有可能發現隱藏於文物背後的不為人知的歷史真相喔！

明 清
職業扮裝秀

寫在最後，但故事仍持續發生

達人挑戰

小朋友，你長大後想做什麼呢？是像鄭和一樣拜訪不同國家的外交官，還是像 J. K. 羅琳一樣寫出暢銷書的小說家呢？什麼是你很有興趣，可以做很久，三年，五年，甚至十年都不會厭煩的事呢？

其實古代除了「士農工商」外，歷史中也出現許多行業。這本明清史童書，講述明朝到清朝鴉片戰爭前的歷史故事，也在故事中介紹了八種不同職業角色，特別是這些角色到了當代社會轉化的職業，以及從事這些職業所需要的能力。例如，明代錦衣衛其實很像今日法務部的調查員，需要具備仔細的觀察力與強健的體能。

有句話說「人因夢想而偉大」，而有夢想後，更需要「築夢踏實」。相信小朋友已經寫過很多遍關於「長大後想做什麼？」的作文，想想看書中出現的職業，是你曾經考慮過的嗎？你對這些職業有什麼樣的想像呢？你知道什麼樣個性的人適合從事這些職業嗎？而從事這些職業又需要怎樣的能力呢？你覺得自己最適合哪一種呢？

筆者希望透過趣味的「職業扮演」，邀請父母及師長一起陪同小朋友探索自己的興趣，了解自己的人格特質，慢慢尋找人生中想做的事情，想要從事的職業，幫助小

明清職業扮裝秀

朋友慢慢嘗試摸索未來的生涯規劃。

現代的社會變化快速，人們不一定只有一種職業身分，可能會隨著時間或環境更換不同的職業。有些人很厲害，具有多種技能與絕技，能同時身兼多職，例如本書介紹的徐光啟，他是考上科舉的文人，也是翻譯《幾何原本》的數學家（第八章），更是彙整歷代農業知識於《農政大全》的科學家（第九章）。所以，小朋友可以透過本書扮演各種角色，嘗試開發鍛鍊自己不同的能力，可能你就是未來身兼數職的達人。

最後，透過明清職業扮裝秀，小朋友可以試著想像，當自己跟古代人處於同樣的情況，面對同一個問題時，會採取怎樣的解決方式與行動呢？筆者想跟大朋友和小朋友分享的是，「歷史」其實跟我們很接近，而它所提供的是「思考」的試驗，古代人做過的事情與經驗，不僅影響著今日的人們，也可以提供我們做事情的參考。

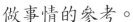

一、開國的平民皇帝：
明太祖

　　中國歷史上有一位皇帝，當過放牛牧童、廟裡和尚，從流浪討飯的乞丐變成帶兵打仗的將軍，最後趕走蒙古人，創建了新的帝國。小朋友猜猜看他是誰？他就是明朝的開國皇帝——朱元璋。朱元璋因為出身平民，當他當上皇帝後，為了讓皇帝位置坐得更穩，幫自己加上了許多神話故事，讓百姓覺得朱元璋是上天派下來當皇帝的。我們就從朱元璋的傳奇故事說起。

1. 傳奇的身世：下凡的金童

　　元朝末年，天下大亂。玉皇大帝在天上看到百姓生活痛苦，跟著眾神仙討論要派誰下凡去幫忙。天庭大殿中，玉皇大帝坐在龍椅上，看著底下站成兩排的神仙，開口問：「最近人間亂七八糟，已經很久沒有出現好皇帝。你們有誰願意下凡當皇帝，幫忙處理一下黃河水災、百姓餓肚子、盜賊搶劫這些事？」眾仙們一聽趕快都把頭低下來，這種吃力不討好的工作，當然沒有誰敢出聲。

　　玉皇大帝一連問了幾次「有誰願意去啊？」「有沒有誰自願下凡啊？」殿下安安靜靜，玉皇大帝問到最

後也生氣了，大聲說：「大家都不願意去，那就抽籤好了。」站在玉皇大帝身後的金童與玉女忍不住笑了出來。笑聲在安靜的大殿中特別明顯，無疑是火上加油，玉皇大帝罵道：「你們兩個笑什麼？有什麼好笑的？既然這樣，就派你們兩個下凡投胎，一個當皇帝，一個做皇后。」

金童玉女一聽馬上變成了苦瓜臉。玉皇大帝看這兩個孩子面有難色，心中不忍，安慰道：「不用擔心，你們兩個聰明伶俐，一定可以好好處理這些亂事，成為好皇帝跟好皇后。」

事情就這麼定案了，西元1328年的中國濠州，田中茅草屋裡的婦人正在生產。突然天空閃過一道紅光，便聽到「哇哇哇」的嬰兒哭聲，這個嬰兒就是金童下凡的朱元璋。

　　朱元璋小時候家裡很窮，只好去當牧童幫地主放牛。有一次朱元璋因為太餓了，忍不住殺了一頭牛，跟其他牧童們分著吃完，最後朱元璋將剩下的牛尾巴插在石頭縫中。事後地主追問朱元璋牛怎麼少了一頭，朱元璋隨口一說，牛鑽到石縫中跑不出來，同時心中默唸：「土地爺爺，土地爺爺，快來幫我。」只見牛尾巴果然搖了起來，石頭中也傳來「哞哞哞哞哞」的牛叫聲。原來是真命天子開了口，土地公只好幫忙。他躲在石頭裡，一邊用手搖牛尾巴，一邊裝牛叫，幫朱元璋度過難關。

　　朱元璋十七歲時，父母過世，他為了活下去，只好出家當和尚，因為在廟裡至少還有飯吃。後來飢荒太嚴重，連廟都沒錢了，朱元璋只好四處流浪乞討，最後加入了想要推翻元朝的「紅巾軍」。

歷史或傳說？真的還假的？

　　以上故事「朱元璋是天上金童下凡」、「朱元璋一開口，事情就成真，土地公就來幫忙」都是傳說中虛構的故事喔！有些皇帝為了加強自己的統治力量，會編出一些神奇傳說，如出生時天空閃過龍紋，讓百姓更認同皇帝的權力，相信他就是上天派來當皇帝。小朋友在讀歷史時，可以試著判斷，哪些是真實的歷史？哪些是虛構的傳說？

元朝是北方的蒙古人建立的，蒙古人很看不起被他們打敗的漢人，治理上有許多不公平的規定，這些規定很像現在的「種族歧視」。例如法律規定蒙古人殺了漢人，只要賠少少的錢；但是漢人要是殺了蒙古人，卻要賠命。又如同樣參加考試，蒙古人的題目很簡單，錄取人數多；但是漢人的題目卻很難，錄取人數也少。元朝後期，國家財政不好，經常向百姓們收錢，各地也發生水災跟瘟ㄨㄣˊ疫，許多人無法生活，便聚集在一起想要推翻元朝。其中有一群人打仗時綁著紅色頭巾，人們稱作「紅巾軍」。

2. 南征北討大元帥

　　俗話說：「亂世造英雄。」在亂世中，要成為英雄，最快的方法就是當兵。如果你很勇敢，有辦法打敗敵人，立下功勞，很快就可以從小兵變成大元帥，比如說我們故事的主角朱元璋。

　　朱元璋聰明大膽，加入「紅巾軍」後，殺敵搶第一，很快就從小兵變成小頭目，娶了元帥的乾女兒馬姑娘為妻子。朱元璋慢慢建立自己的軍隊，去故鄉招兵，把曾經一起放牛的同伴們都找來當兵。朱元璋勢力越來越強，最後自己當了元帥。這時的朱元璋慢慢有了想當皇帝的念頭，但他的軍師建議他：「對外，要先有堅固的城牆，別人打你時，才能撐住；對內，要有足夠的糧草給士兵吃，才不會有內亂；稱王，只是虛名，慢一點沒關係，先有實力比較重要。」

現在最重要的是累積實力

　　於是，朱元璋先占領了易守難攻的集慶（今南京）當做他的基地，禁止軍隊騷擾人民；聘請著名的讀書人李善長、劉伯溫、宋濂，請他們幫忙治理規劃政事；鼓勵百姓開墾荒地，種植作物。這一連串的作為，使朱元璋跟其他只會打打殺殺的反元勢力不一樣，因此擁護朱元璋的人越來越多。

　　等到時機成熟，朱元璋先統一南方，把其他反元勢力一一擊敗，最後揮軍北上，進攻元朝首都大都（今北京），成功地消滅元朝，開始了新的帝國，稱為明朝。朱元璋是明朝的第一個皇帝，年號是洪武，歷史上稱他為「明太祖」或「洪武帝」。

明代疆域圖

黃河

長江

南京

明

3. 百姓喜愛，官員害怕的皇帝

★嚴懲貪汙

　　朱元璋因為出身平民，從小生活困苦，長大還曾四處乞討，讓他對民間社會的實際狀況有很深的了解，他很同情辛苦耕種卻經常吃不飽的農民，十分痛恨貪汙的官員。他親自參與制定了《大明律》，要嚴屬懲罰貪汙的壞官員。例如官員貪汙超過六十兩銀子，抓到就處以死刑，而且還要當場剝下他的皮，將草塞入剝下來的皮中，掛在官府裡，警告其他的官員。他認為要治理混亂的政事，需採用嚴格的法律。在朱元璋的嚴屬要求之下，當時的官員們都很害怕，不敢貪心去拿不該拿的金銀財寶。

　　他因為過去曾經流浪乞食，對於食物很珍視。歷任皇帝的皇宮中都有御花園，皇帝可以在此賞花散步休息。但朱元璋將御花園裡的花都改種蔬菜或農作物，他覺得菜可以吃，比花只能看還要實用。有空時，他不但關心御花園裡植物的生長狀況，自己偶爾也充當農夫。

　　對官員而言，朱元璋是一個狠心又嚴厲的君王，但對老百姓來說，他卻是一位愛民節儉的好皇帝。

★一聲命令，改變茶文化

　　小朋友你喜歡喝白開水，還是喜歡喝有味道的茶呢？在古代泡茶可是一件很麻煩的事情，明代以前流行「團茶」，就是把茶葉做成像一團大餅，也稱為「餅茶」。喝茶前至少有六個步驟，首先：1.先用棒子將「團茶」敲碎成小塊，接著 2.再壓碎，3.磨成細粉，4.用篩子過濾，剩下很細很小的茶末，5.再把茶末放到茶碗後加熱水，6.攪一攪，讓茶末跟熱水混合後才能喝。

　　宋代以來皇宮裡用的高級茶稱為「龍鳳團茶」，就是團茶上還印著龍跟鳳的紋樣，龍鳳代表皇帝與皇后，

還是泡茶比較方便

這個習慣一直延續到明朝。有一天朱元璋看到宮女準備茶的過程,他覺得這樣喝茶實在不符合自己節儉的個性,他想:「只是喝個茶,怎麼這麼麻煩,要敲碎、壓碎、磨碎,太浪費人力跟時間。而且印了龍鳳紋的茶,也沒有比較好喝。」於是他下令:「不再製作龍鳳團茶,以後送給朝廷的茶,用茶葉就好。」

朱元璋的一道命令,影響了茶文化。從明代以後,「茶葉」漸漸取代「團茶」,喝茶方式改為用「熱水沖泡茶葉」,將茶葉放入茶壺中加熱水,讓茶葉味道慢慢釋放出來,就是我們說的「泡茶」。另一方面,因為喝茶習慣的改變,也影響了茶具製作,「茶壺」與「茶杯」成為主要的茶具,一直到現代。

★控制官員的工具:錦衣衛與廷杖

朱元璋少年四處流浪,無所依靠的生活經驗對他影響很大。他當了皇帝以後,還是很沒有安全感,不太信任朝廷官員,時時覺得大臣會說他壞話,密謀叛變。因此,他設立了「錦衣衛」,是只聽皇帝命令的一

明清職業扮裝秀

群軍官，負責暗中調查、監視官員的行為跟言談。經常官員晚上跟妻子說的話，隔天上朝朱元璋就會詢問相關內容，如果官員答的不一樣，他就疑心官員想欺騙他，下令錦衣衛將官員的褲子脫了，用棍子打他們的屁股，這種刑罰稱為「廷杖」。這樣的處罰，只要挨打超過一百下，就會當場死亡，而且死相難看。

　　「錦衣衛」與「廷杖」成了皇帝控制官員的工具，讓官員相當恐懼，也使皇帝跟臣子互相不信任。最後朱元璋乾脆廢掉丞相這個職位，使權力都集中在皇帝手中，稱為「中央集權」。自此以後的明朝與清朝都沒有設丞相。

職業扮裝1 調查員

　　電影或電視劇中出現的「錦衣衛」，通常武功高強，擁有最敏銳的觀察力，只要一點點小線索，就可以找到證據，將嫌疑犯定罪，沒有祕密可以瞞過他們。

　　「錦衣衛」像是當代的「調查機構」，不同的地方是：「錦衣衛」是偵查威脅皇帝的組織，只聽令於皇帝；而「調查機構」是調查犯罪的機構，聽令於國家，例如美國的FBI。我們的調查機構是「調查局」，負責調查威脅國家安全的組織，在裡面工作的人稱為「調查員」。「調查員」需要經過國家考試才能擔任，考試內容除了筆試，還有體力測試。長大後想當調查員的小朋友，除了用功外，也別忘了鍛鍊體力，跟訓練平時的觀察力喔！

　　許多小說、電影、漫畫都以「調查員」為主角，例如英國名偵探福爾摩斯、代號「007」的詹姆士‧龐德、總說「真相永遠只有一個」的江戶川柯南。調查員最厲害的絕技就是「沒有破不了的案子」，任何複雜難解的犯罪，只要碰上他們，謎團都會真相大白。小朋友試試看，你最想成為「臺灣福爾摩斯」、「臺灣007」、還是「臺灣柯南」呢？

養成技能

敏銳的**觀察力**

豐富的**知識**

超強的**體力**

必殺絕技

追查線索堅持不放棄的**超耐力**

START

★派兒子到各地當王，埋下亂因

朱元璋當初打天下時，有許多文人跟武將一起幫助他。可是當他成為皇帝後，疑心病一天比一天嚴重，他擔心這些有功的臣子們會造反，也擔心辛苦建立的帝國沒辦法一直傳下去。

朱元璋想：「旁人都不可靠，特別是手中有兵的武將。朕有二十幾個兒子，把他們都派到各地去，讓他們管理地方的軍隊，這樣東南西北邊都有兒子們幫忙守衛，就可以安心了。」

就這樣透過把兒子派到各地當王，使指揮軍隊的權力移轉到朱元璋的兒子們手中。但是朱元璋怎麼樣也沒料想到，最中意的太子在他晚年時生病死了，最後只能讓太子的兒子繼承皇位，歷史上稱朱元璋的孫子為建文帝。

孫子啊！天下交給你了

　　建文帝當皇帝時才二十出頭，他有年輕人的動力，想做很多事，用了一批新人，提出很多改革措施，其中一個措施是「削藩」。因為建文帝雖然貴為皇帝，但分封在各地的親王都是他的叔叔們，年紀跟經驗都比較豐富，常常不把建文帝放在眼裡，建文帝就想把叔叔們的土地跟兵權都收回來。

　　這個作法，引起其中一位叔叔燕王的不滿。燕王是朱元璋的第四個兒子，個性最像朱元璋，因為很會打仗，朱元璋派他鎮守北方，負責抵抗勇猛的蒙古人。他以「建文帝太年輕，受到身旁奸臣的迷惑」為理由，起兵攻打南京。戰亂中，建文帝失蹤了，燕王趁機當上皇帝，歷史上稱他為明成祖，是明朝的第三位皇帝。

二、雄才偉略的明成祖

明成祖雖然搶了自己姪子建文帝的皇帝寶座，但他卻是一位好皇帝，開創了一代盛世，他的年號是「永樂」，因此歷史上稱他統治的時代為「永樂盛世」。到底明成祖有多厲害呢？他做了兩件大事，那就是派鄭和下西洋以及遷都北京。

1. 鄭和下西洋

明成祖能順利地當上皇帝，有一部分原因是得到太監的幫助。因此明成祖當上皇帝後，開始重用太監，其中一位很有名的就是鄭和。

鄭和，人稱「三寶太監」，是中國歷史上傑出的外交官。他從明成祖當皇帝的時候開始，一直到明成祖的孫子明宣宗，七次下西洋（當時的西洋指的是印度洋）。鄭和帶領兩萬七千多人組成的龐ㄆㄤ大船隊，航行印度洋至非洲東岸，拜訪過的國家超過二十個。這是當時人類歷史上規模最大的遠航船隊，比哥倫布發現美洲還早了八十七年。

鄭和下西洋路線圖

圖　例
—·—·— 今國界
------- 海上交通線
（　）今地名、國名

亞　　洲

明

南京　劉家港

忽魯謨斯(荷姆茲)

黙伽

阿撥巴丹

榜葛剌(孟加拉)
浙地港

佐法兒(阿麥)

暹羅(泰國)　占城

阿丹(亞丁)

真臘(柬埔寨)

非洲

古里

木骨都束

錫蘭(斯里蘭卡)

吉蘭丹

不剌哇

麻林地

別羅里

南巫里

滿剌加(麻六甲)

渤泥(婆羅洲)

阿魯
蘇門答臘

慢八撒

舊港

蘇魯馬益(泗水)

爪哇

看我大明的威風！

小朋友想想看，那時可還沒有飛機，去其他國家要花很長的時間，鄭和七次下西洋的航程一次時間短則數月，遠程還會超過兩年。這麼長時間且遠程的海上航行，那時用的船是木造的帆船，要前進除了靠人力划槳ㄐㄧㄤˇ，最主要還是運用大自然的季風，趁著吹東北季風時出發，順風前進。又例如，要在汪洋大海中找到位置，需要有懂得觀測星象氣候的人員。因此，船隊中要有占星術士、水手、醫生、工匠、廚師、翻譯員、官員、官兵等等成員，還有負責保衛船隊安全的戰船、供應大家吃喝的糧船、以及裝載各式商品的寶船，包含絲綢、織品、瓷器、茶葉、銅鐵漆器、雨傘、樟ㄓㄤ腦、草蓆等等。

　　歷史上傳聞明成祖派鄭和下西洋的原因，是為了找尋逃亡海外的建文帝。但明成祖除了尋找建文帝外，更重要的是政治目的，藉由宣揚大明朝的國威，讓政權更加穩固。明成祖因為搶了姪子的皇位，有點名不正、言不順，非常希望周邊國家都派「使臣」（現在的「外交官」）來交流，表示其他國家也認可他是明帝國的皇帝。更進一步，和南海、印度洋周邊的國家成為好朋友，就不用擔心西北方強大的帖ㄊㄧㄝˇ木兒帝國可能會來攻擊了。

　　另外一個原因則是經濟上的，鄭和七次下西洋讓海上貿易更熱鬧，更多物品被帶到不同的地方流通，

例如明朝的絲綢、瓷器及茶葉等都是熱門的商品，而外國的香料、象牙、珊瑚、寶石，及奇禽異獸等也進入明帝國。這些奇禽異獸中就有長頸鹿，小朋友現在去動物園都可以看到長頸鹿，但明朝人可從來都沒看過長頸鹿，鄭和他們以為這是傳說中太平盛世才會出現的吉祥動物「麒ㄑㄧˊ麟ㄌㄧㄣˊ」，因此將牠帶回北京獻給明成祖。小朋友你知道長頸鹿的臺語怎麼說嗎？答案就是「麒ㄑㄧ˙麟ㄌㄧㄣ˙鹿ㄌㄨ˙」。

但是，要支持這麼長時間而且遠程的海上航行，需要花許多經費跟人力。明成祖晚期與明宣宗時期，朝廷大臣對於是否要繼續派船隊有過激烈的討論。

「皇上，臣認為不應該再派鄭和出使。之前每次出海，都浩浩蕩蕩人數眾多，要打造船隻，準備寶物，臣覺得太勞民傷財了。」一位大臣在朝堂上向明宣宗上奏道。

「啟稟皇上，臣不這樣認為。」另一個大臣出面反駁說：「鄭和讓許多國家都向我大明朝上貢，有助於宣揚我大明朝的國威，功不可沒。」

「那些外國人還不如不要來，每次來，都只是求賞賜。要絲綢、要瓷器、要茶葉，好像這些東西不用錢一樣。」

「話不能這麼說。我們明朝是大國，給點小東西，就可以收服這些野蠻的國家。何樂而不為呢？」

「我們向來以農業立國，重點是在陸地，不應該把重心放在海上。」

明宣宗看著兩邊官員吵個不停，最後下決定說：「大家說得都很有道理。附近鄰國已經有段時間沒有派人來上貢了，他們可能都還不知道朕已經登基。但每次派船的確花費很大。」他看向頭髮已經白了一半的鄭和說：「朕決定派鄭和出使最後一次。」

這是最後一次了

　　這是鄭和的第七次遠航，他也死於最後一次的航途中，結束這位偉大外交官的一生。之後明朝對外政策趨於保守，皇帝不再派船隊出航，因此之後歐洲國家在十五世紀中葉後紛紛投入海上探險，世界進入大航海時代，明朝很可惜的缺席了，也影響了中國未來的歷史命運。

大航海時代

　　明朝決定停止派船隊出海之後，沒多久歐洲各國就紛紛投入遠航探險，想找尋從歐洲到亞洲的航線，希望跟能跟東方建立關係，買賣歐洲需求量很大的香料、茶葉、絲綢等珍貴物品。歷史上稱十五到十七世紀這段時期為「大航海時代」，又稱「地理大發現時代」，因為歐洲船隊到世界各地探險，的確發現了許多當時歐洲人不曾到過的地方，也趁機做生意賺取財富。十五世紀末著名航海家哥倫布，他一直尋找能贊助他前往東方的遠航船隊的資金，最後獲得西班牙王室的支持，從西班牙出發向西航行，發現了一塊大陸。哥倫布一直以為他抵達了亞洲，但實際上那是美洲。另一位探險家達伽馬從葡萄牙出發繞過非洲，才是第一位從歐洲航海，抵達亞洲印度的人。從十五世紀末起，歐洲與亞洲開啟了海上密切的往來與溝通。

職業扮裝2 外交官

　　鄭和代表明朝，到其他國家去和他們的統治者或官員見面，也許是建立友好關係的邦交，也有可能是為了商業貿易，古代稱為「使臣」（出使國外的大臣），也是現在的「外交官」。

　　中國歷史上有名的外交官，除了有明朝從海路下西洋的鄭和，還有漢朝時負責跟陸路西域各國打交道的張騫（ㄑㄧㄢ）、班超，他們都擁有外交官「人見人愛」的交朋友絕技，總是能很快地跟陌生人聊天、稱兄道弟、在群體中受到大家歡迎，贏得友誼。

　　小朋友你知道要怎樣才能當「外交官」嗎？看到「官」這個字，應該能猜到「外交官」是國家的公務員，負責和其他國家的代表溝通，冷靜清楚地討論國家和國家之間的政治、經濟、外交等議題。另外，就像鄭和要長期待在海上，帶著船隊去沒去過的國家，外交官也會被派駐到國外，需要長期生活在外國，代表國家跟外國人打交道，搏（ㄅㄛ）感情，說著外國話，吃著外國食物，過著不一樣的生活。小朋友挑戰一下你的能力，是否能成為傑出的外交官？

養成技能

💎 優秀的語言能力

⭐ 良好的溝通能力

❤ 能夠勇敢面對陌生
的人、事、物

必殺絕技

♡ 很快與人稱兄道弟
的交友力

START

2. 遷都北京，建紫禁城

明成祖的封地在北京，是他的基地。明成祖從二十幾歲到四十多歲當上皇帝之前，都專心經營北京，對北京很有感情。於是，當他當上皇帝後，就頒布把首都遷至北京的命令。這個決定讓許多朝中大臣感到不安。

「皇上，微臣認為北京沒有適合的宮殿，還是待在南京比較好。」

「那就找些厲害的工匠，蓋一座新宮殿。住新宮殿肯定比現在的舊宮殿舒服。」明成祖如此回答。

「就算宮殿蓋好了，文武官員、後宮嬪妃、侍衛宮女那麼多人要吃飯，北方糧食恐怕不夠。」另一位大臣接著反對。

「南方糧食很多，那就把運河河道疏通一下，用船將糧食運送到北京就好了。」

「北京離蒙古人很近，只要他們南下侵略，馬上就會正面交鋒，這樣就會……很危險。」

「笑話！」明成祖大聲罵道：「朕還怕那些蒙古人不成？就因為蒙古人時常侵犯，朕才要就近監視，

掌握最新狀況，靈ㄌㄧㄥˊ活調度兵馬。再說，不是還有長城？朕就派人重修長城，加強防備。」

　　明成祖是個意志很堅定的人，不管大臣們提出什麼反對意見，他都一一駁ㄅㄛˊ回，並且想出解決的方法。而明成祖遷都北京的決定，除了前面說的感情因素之外，還有防守北方的政治考量。也因為這樣，北京出現了紫禁城，這座花了十四年時間才興建完成的宮殿，裡面有九百多座房屋，之後紫禁城就成為明清兩代二十四位皇帝的皇宮了。

　　明成祖是一位精力充沛的皇帝，他曾經五次親自帶兵攻打北方外族，防守北方邊疆ㄐㄧㄤ。另外，他還找了兩千多位讀書人來幫忙，把從古至今的圖書都蒐集起來，用自己的年號「永樂」命名，稱為《永樂大典》。雄才偉略的明成祖，他的種種作為開創了「永樂盛世」，也建立了明朝文治及國防的基礎。

三、讀書人的求生秘笈

　　小朋友有聽過「士農工商」這句話嗎？這是古代人的行業排名，第一名是士人，也就是讀書人，人們認為所有行業中，當讀書人是最好的出路。其次，是種田的農夫、有一技之長的工匠（蓋房子的木工、製造工藝品或做衣服等手工業的師傅），最後才是做生意的商人。

　　讀書人最好的一條路，就是努力讀書通過科舉考試，最後當上朝廷官員。然而，並不是所有讀書人都能順利通過科舉，這些落榜的讀書人還能做什麼呢？首先，讓我們先了解一下「科舉考試」是怎麼回事？

1. 科舉考試

　　統治一個龐大的國家，除了當家作主的皇帝外，還需要有很多官員的幫忙。明朝恢復了元朝很少舉辦的科舉考試，透過考試選出適合的官員（讀書人）協助治理國家。

明清職業扮裝秀

明朝的「科舉考試」就像現在的學校考試一樣，對於考試內容有嚴格的規定。考試題目出自「四書五經」。「四書」是讀書人必讀的四本書，分別是收集孔子跟學生講話的《論語》；孟子跟學生講話的《孟子》；還有從《禮記》中抽出來的文章《大學》和《中庸》。「五經」指的則是《詩經》、《尚書》、《禮記》、《周易》和《春秋》這五本古代就流傳下來的經典。

明朝科舉考試除了題目出自「四書五經」，回答題目的方法也有規定，就是「八股文」。「八股文」把回答的文章分為八段，明確規定哪幾段可以寫散文，哪幾段要押韻。而且對於題目的解釋，要按照古代聖賢的說法來發揮，並且假裝自己是孔子或孟子，遇到同樣狀況時會怎樣處理。

科舉考試並不是參加一次就結束了，它像是闖關遊戲一樣，總共有四關，通過一關才能挑戰下一關。

秀才
第一關
地方考試

舉人
第二關
鄉試

貢士
第三關
會試

進士
成功
第四關
殿試

　　讀書人那麼多，能順利進入第四關「殿試」的人，才有機會讓皇帝認識你，也才有機會取得較高的官位，成為大官。明代有哪些讀書人順利過關成功呢？其中有一個名叫張居正的人，他很厲害地成為皇帝的老師，當上明代層級最高的官員——「內閣首輔」（類似現在的行政院院長）。

2. 明代改革政治家：張居正

張居正從小就很認真讀書，加上他非常聰明，十二歲就成為秀才，之後也相當順利地成為舉人、進士，最後還進入朝廷當官。

這時明朝經過幾任愛玩又浪費的皇帝，國勢已漸漸衰落，傳到第十四位皇帝明神宗（年號「萬曆」，又稱「萬曆皇帝」）手上。明神宗十歲就當上皇帝，政事都交由朝中大臣處理，張居正既是明神宗的老師，也是當時權力最高的官員。他對皇帝的教導很嚴格，明神宗對張居正既尊敬又害怕。

張居正從年輕時就一直關心國家大事，主張「改革」才能挽救明朝，他認為明朝最大的危機是「財政」、「吏治」及「國防」。「財政」上，張居正改革了稅制，以往百姓需要繳交糧食及金錢，有時還要派家中男子服差役，現在只要「繳錢」就可以不用服差役；「吏治」是指「官吏治理」，張居正建立了一套考察官員的制度，像老師每學期幫學生打成績一樣，朝廷就像老師，每年考察官員政績的優劣；「國防」上，張居正任用一批名將防守邊防，例如重用戚繼光，派他負責西北邊防。張居正的改革作為，讓明朝稍微恢復了一點元氣，歷史上稱這段時期為「萬曆中興」。

　　然而，他的改革並沒有成功。當張居正過世，明神宗少了時刻督促他的老師，慢慢地放鬆偷懶，開始不上朝，不見大臣，明朝政治又逐漸敗壞。

常勝將軍：戚繼光

　　戚繼光出身軍人世家，他是位軍事天才，一生從來沒有打過敗仗，大家都尊稱他為「常勝將軍」。戚繼光是明代的抗「倭」英雄，「倭」是「倭寇」，指掠奪中國沿海的日本海盜。聰明的戚繼光創立適合狹窄地形作戰的「鴛鴦陣」陣法，還發明了厲害的武器戚家槍及戚家刀，最重要的是他訓練了一支戰無不勝且軍紀嚴明的「戚家軍」，讓他成功掃蕩東南沿海的倭寇。

　　戚繼光跟臺灣很有關係喔！小朋友你有吃過臺灣廟會神明遶境時發的糕點──鹹光餅（白色圓形，中間有個小洞）嗎？相傳戚繼光命令人烤製中間有洞的圓餅，士兵可以用繩子將餅串成一串，掛在脖子上，方便打仗時填飽肚子，省下作飯的時間。後來為了紀念戚繼光，這種餅就稱為「繼光餅」或「鹹光餅」。

　　每當面臨國家危急時，總是會出現幾位積極投入政治，為國家與人民著想的政治家，就像是我們前面提到的張居正。他們對政治都有獨到的看法與主張，但很可惜他們的變法和改革最後卻是失敗的。

　　小朋友你想成為政治家嗎？現在的政治家已經不用像以往讀書人，需要經過層層的科舉考試，但你需要先具備成為政治家的三種特質：1.熱情，需要有為別人服務的熱情；2.判斷力，就是對政治具有獨特的理解能力，知道「什麼能做」與「什麼不能做」，而且「怎麼去做」；3.溝通力，將複雜內容變成別人聽得懂的話。

　　而最厲害的政治家能夠以演說激起民眾的同理心及認同感，並且要讓別人覺得「你和我是同一國的」，進而贏得「選票」支持，這就是「說服力」密技。代表人物是美國總統歐巴馬，他以動人且具「說服力」的演說，贏得總統大選，成為史上第一位美國非裔總統。

　　小朋友覺得自己有沒有具備上述三種成為成功政治家的能力呢？測試看看你是否可以成功扮演政治家。

養成技能

熱心助人
的里長伯性格

精準的判斷力

收服人心的溝通力

必殺絕技

彷彿能催眠人的
說服力

START

3. 考不上，又怎樣

　　明代許多讀書人雖然認真唸書，但並沒有都很順利地通過科舉考試的重重關卡。所謂「天無絕人之路」，這些落榜的讀書人雖然沒有辦法順利走上當官這條路，但還是可以在其他方面大放光芒，成為令人佩服景仰的人物。接下來就讓我們看看吳承恩及李時珍兩位落榜讀書人的求生祕笈。

★發揮驚人想像力的小說家：吳承恩

　　明朝中期以後，雖然政治越來越腐敗，但民間工商業卻持續繁盛，加速了城鎮中人們休閒生活的蓬勃發展。當時可沒有電視、電影跟網路，大多數老百姓的休閒生活可能是看戲曲表演，或在茶館聽人說故事。也因為很多人喜歡聽故事，加上明代印刷術發達（印書便宜且可放插圖），就開始有很多讀書人寫一些符合一般民眾口味的短篇及長篇通俗小說。其中《西遊記》就是當時很有名的一本長篇小說。

　　《西遊記》的作者吳承恩，從小就特別愛聽鬼故事，喜愛看遊記及各地民間傳說。吳承恩年少時在地方上就頗有才名，當他考上秀才後，信心滿滿地去參加鄉試。沒想到不如他的同學都上榜，他卻落榜了。之後吳承恩都無法在考試當中晉級，他身體不好常生

病，又必需辛苦賺錢養家，生活過得很辛苦。他品嘗了人生各種酸甜苦辣，這些不如意的經驗使他以嘲笑諷刺的筆法寫出《西遊記》。

《西遊記》描寫唐三藏與孫悟空、豬八戒、沙悟淨師徒四人去西天取經的故事。一路上遇到興風作浪的妖魔鬼怪，想要吃唐僧肉以求長生不老。人物描寫生動，四個主角有優點也有個性上的缺點，對自己很嚴格卻不知變通的唐三藏，勇敢聰敏但卻自大叛逆的孫悟空，憨厚率真卻好吃貪財的豬八戒，以及總是擔任和事佬的沙悟淨。

《西遊記》是中國神怪小說的代表，孫悟空飛行時乘坐的觔斗雲，手裡拿著可隨意變大變小的金箍棒，還有最得意的法術「七十二變」，創作出一個光怪陸離、神奇魔幻的虛幻神話世界。小朋友你有看過《西遊記》改編的電視劇、電影或漫畫嗎？因為《西遊記》精彩有趣的故事，到現在還不斷地被引用改編，所以好作家的影響力是很長遠巨大的。

職業扮裝4 小說家

　　小說類型那麼多，有神怪小說、歷史小說、武俠小說、推理小說、言情小說、科幻小說……，小朋友你喜歡看哪類型的呢？

　　要成為「小說家」需要培養自己具備三項能力：一是觀察力，能好好觀察生活周遭的小細節，才能從生活中找到豐富的靈感。二是好文筆，能以文字清楚流暢地形容人物，講述故事，表達想法。三是毅力，完成一本小說需要長時間持續地寫作及思考，好不容易完成後，還得要有出版社願意出版，這可是能不能完成一本書最殘酷的考驗關卡喔！

　　要成為暢銷小說家最需要的絕技是「說好故事的能力」。故事說得好，讀者會與主角一起笑、一起哭，主角若遭遇困難、遇到壞人時，讀者會緊張難過，也會覺得主角面對的是真實的世界，就是真實存在的人物。

　　準備好接受成為「小說家」的挑戰了嗎？測試看看你是否可以成為暢銷小說家。

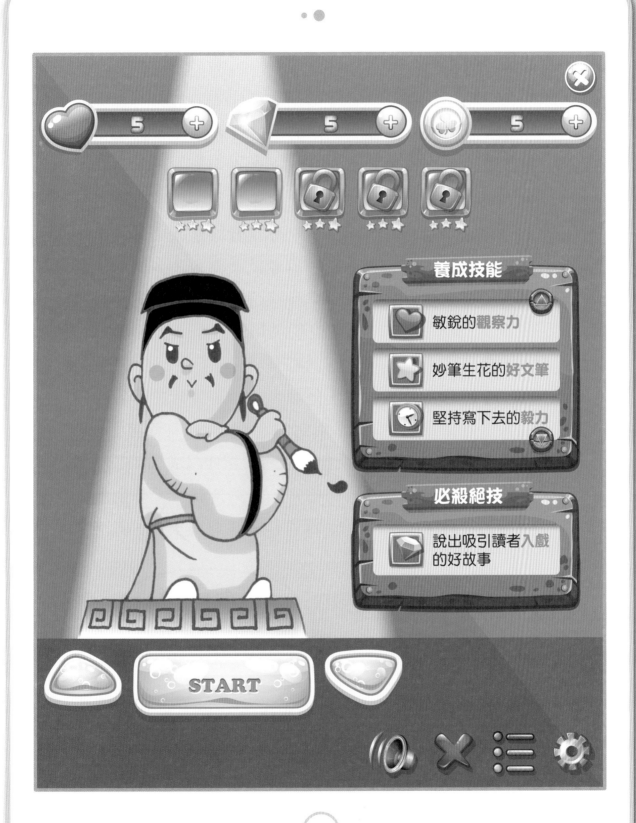

養成技能

敏銳的**觀察力**

妙筆生花的**好文筆**

堅持寫下去的**毅力**

必殺絕技

說出吸引讀者入戲的好故事

START

★另闢天地的醫學家：李時珍

　　李時珍出身醫學世家，爺爺及父親都是醫師，因為家庭背景，李時珍從小就熟悉各式中藥藥材。由於明朝的醫師地位不高，所以父親希望從小就聰明伶俐的李時珍用功讀書，參加科舉考試好讓家族驕傲。李時珍在十四歲時順利通過科舉考試成為秀才，但之後卻都沒有辦法再晉級。李時珍暗暗下了決心，他對父親說：「父親，我考了那麼多次都沒有考上，天意如此，我決定棄文習醫。」

　　李時珍行醫救人時，他發現許多醫書對於藥物的描寫是有錯誤的，有些藥明明有毒，但書上卻說可「延年益壽」。例如誤以為服食水銀、雄黃可以成仙。還有書籍對藥材外貌及特性的描寫，不夠清楚，常發生用錯藥的情形。李時珍心想：「這些醫書錯誤太多，我決

定自己寫一本清楚記錄草藥生長環境、外觀、特性、使用方式及效果的書。」他帶著兒子及弟子，三個人翻山越嶺，進入深山野林，一方面親自觀察、採集、煉藥、嘗試藥材，哪些藥一起吃會中毒，另一方面則改正以前醫書裡錯誤的地方。

　　李時珍終於在六十歲時，完成《本草綱目》，書中收錄一千八百多種藥物，有一千多幅附圖，新增三百多種新藥種。英國著名的生物學家達爾文曾稱讚《本草綱目》是「中國古代的百科全書」，綜合了植物學、動物學、礦物學、化學、天文學、氣象學、人類學等許多領域的科學知識。

　　由此可知，儘管吳承恩與李時珍沒有通過科舉考試，但只要找到有興趣的事，一心一意地去做，他們兩位在小說界及醫藥界都創下了巨大的貢獻，到當代都還有著影響力。例如《西遊記》被後人改編為各種戲曲、電視劇、電影、卡通、漫畫、甚至是電玩的主題。而《本草綱目》仍是當代中醫師必讀的經典，2011 年被列入聯合國教科文組織《世界記憶名錄》，成為全世界共同認定重要且需保護的文獻。

四、明朝為什麼滅亡了？

　　小朋友是否曾跟同學說：「你跟我不是同黨ㄉㄤˇ，我不跟你玩。」這樣的話呢？「黨」這個字，就是小圈圈、小團體的意思，聽過「狐群狗黨」的成語嗎？喜好與想法接近的人，很容易成為朋友，聚在一起形成小團體。小團體不僅出現在學校生活、工作場所、也出現在更大的政治環境中。屬於不同團體的人，會彼此看不順眼，互相排斥爭吵，發生在政治上就稱為「黨爭」，這是明代滅亡的原因之一。以下要說的，就是關於兩個黨吵架的故事：「太監黨」與「東林黨」。

1. 與太監抗爭到底的文人：顧憲成

　　「東林黨」是明朝末年的政治團體，成員大部分是來自江南的讀書人，領袖為顧憲成，他是科舉考試的勝利組代表，明神宗年間的進士。顧憲成剛開始做官時，就以很會寫文章聞名天下。他個性耿直、有話直說、討厭討好拍馬屁。顧憲成對國家社會有很多想法及主張，看到不好的地方，就會批評，因此得罪許多人，包含最大的老闆明神宗、位置最高的大臣張居正，以及最有權力的太監魏忠賢。最後，明神宗受不了，將顧憲成罷官貶為平民，讓他滾回老家。

　　顧憲成這種不討好的個性，雖在朝廷上不受歡迎，但卻獲得讀書人的大力讚揚，認為他敢於批評的個性，是讀書人學習的典範。因此顧憲成回到家鄉後，許多人都慕名前來聽他上課，最後地方上的鄉親共同籌錢幫他整修了「東林書院」，讓更多學生可以聽課。顧憲成親筆寫了一副對聯掛在書院門口，寫著：「風聲、雨聲、讀書聲、聲聲入耳；家事、國事、天下事、事事關心」，勉勵讀書人讀書之餘還要關心國家社會大事。

　　顧憲成經常在上課時，批評政局和官員，漸漸吸引越來越多江南地區讀書人加入他的行列，形成一股

不可忽視的勢力，被人稱為「東林黨」。而與「東林黨」對抗的原是一些「非東林黨」的朝中大臣，當太監魏忠賢掌握大權後，這些人慢慢形成「太監黨」。「東林黨」與「太監黨」在國家大事上看法不一樣，經常激烈鬥爭。

明朝因為黨爭內鬥嚴重，讓重要的國家大事反反覆覆，甚至停擺，導致政治混亂，國力衰退。最後，明朝因內部農民造反，以及來自外部北方女真人（後建立清帝國）的侵略，終於走上滅亡之路。

明思宗是明朝最後一位皇帝。明代從明太祖到明思宗，共歷經十六位皇帝，有兩百七十多年的歷史。從秦始皇統一中國以來，能維持超過兩百年以上的帝國只有：漢朝、唐朝、明朝及清朝。

2. 山的那一邊：女真人崛起

明朝滅亡是很多因素累積而成，而且很早就有預兆出現。我們先將時間轉回明神宗當皇帝的時候，中國東北方女真族出現了一位英雄努爾哈赤，他統一女真各部落，被視為清朝的第一位皇帝，史稱「清太祖」。

努爾哈赤跟明朝有不共戴天之仇，因為他的祖父跟父親都被明朝官員殺死。努爾哈赤是個很有謀略的軍事家，他跟部屬說：「我們需要先統一女真內部各勢力，所以暫時向明朝稱臣，用明朝賞賜的金銀絲帛，讓大家有好一點的生活。等我們準備好，就是報仇的時刻。」

他將原本分散的女真部落整合成「八旗」，也就是八個團體，他們平時耕田狩獵，發生戰爭時就搖身一變成為軍人。「八旗」是黃 、白 、紅 、藍 四個顏色，以及鑲邊的鑲黃 、鑲白 、鑲紅 、鑲藍 共八個旗，後來還成為清朝初期主要的軍隊戰鬥力。

隨著努爾哈赤逐漸累積了一定的實力，他開始了反擊的行動，第一步是占領中國東北的大部分地區。努爾哈赤一生征戰沙場，很少打敗仗，但卻在他晚年時遇上明朝將領袁崇煥，努爾哈赤最後被袁崇煥及西洋大炮打敗，含恨而死。

努爾哈赤過世後，由兒子皇太極繼位。皇太極從父親的失敗中，學到了教訓，他一方面使用反間計，讓明思宗殺了抗清大將袁崇煥；另一方面他則命人建造新式大炮，用新製的大炮打敗明軍。

　　明思宗雖然有意力圖振作，可是他氣量狹小，對人不信任，經常更換官員與將軍。明思宗在位十七年間，就換過五十三位內閣首輔，平均三個月不到就換人，讓國家更加衰敗。「人禍天災」都讓明思宗給碰到了，「人禍」是自己造成的，殺了將領袁崇煥又愛換官員；「天災」指當時氣候變化，糧食生產不足，老百姓因為吃不飽，經常發生暴動。後來民變首領李自成攻入首都北京，明思宗自殺，明朝滅亡。

　　這時駐守在北方邊界「山海關」的將領吳三桂面臨了重大的抉擇。他原本效忠的明思宗被李自成逼死後，李自成抓了吳三桂的親人，招降吳三桂。另一方面，清朝知道這是奪取政權的大好時機，必須牢牢抓住，不可錯失。清朝開出許多有利的條件，積極拉攏吳三桂。吳三桂究竟該投靠李自成，還是投奔清朝呢？

　　最後，吳三桂選擇投奔清朝，大開國門山海關，引清軍攻入北京，開始了清朝兩百六十多年的統治歷史。

3. 海的那一角：孤臣孽子鄭成功

　　讓我們稍稍將目光從大陸移往海洋，明朝中晚期後，國力開始衰退，人民生活非常辛苦，為了生存只好去做一些犯罪的事，於是東南沿海出現了海盜集團。這些海盜經常強劫沿海陸地民眾的財物，然後乘船逃跑，官兵很難抓住他們。有時「海盜」也化身為「商人」，「海盜船」成了載滿各國貨品的「商船」，他們利用買賣貨品，賺取暴利。海盜組成複雜，不同海盜集團內，有中國人、日本人，有時也有韓國人，或東南亞國家的人。

　　當時最有勢力，縱橫稱霸海上的是——鄭氏海盜集團，由鄭芝龍所領導。鄭芝龍曾接受明朝的招撫。「招撫」是「招降安撫」的意思，明朝派人說服鄭芝

龍說：「當海盜，風來浪去的多危險。你帶著部屬投靠，朝廷就給你官做，讓你當大官，還有錢可以拿，多輕鬆。」

鄭芝龍帶著他的船隊跟部屬投靠明朝。明朝利用鄭芝龍的力量，消滅其他海盜。而鄭芝龍也藉機發展自己在東南沿海的勢力，當時在海上航行的船隻都交保護費給鄭芝龍，船上掛上鄭氏的旗子，才能安全地通行。

鄭芝龍與日本人所生的兒子鄭成功，從小生長在日本，一直待到七歲，鄭成功才第一次踏上明朝的土地。那時鄭成功還不太會講中國話，中國字也不怎麼認得。但鄭成功從小就聰明，性格好強不服輸，他為了得到鄭氏集團中其他人的認可，很努力地學習，練習毛筆跟寫作，終於在十五歲時考上秀才。

明朝滅亡後，有許多漢人一時之間不能接受要被異族統治，所以陸續在南方擁立明朝王室的後代子孫做皇帝，這一段歷史被稱為「南明時期」。這時鄭成功已逐漸受到傳統儒家「忠君愛國」思想的影響。當他察覺到父親鄭芝龍有意向清朝靠攏時，鄭成功曾經跪著勸父親說：「我們鄭氏一族深受明朝國恩，父親及各位叔伯都擔任高官。如果我們團結南方各勢力，共同對抗清朝，以我們的軍力，大有可為。」

鄭芝龍聽了，大聲罵道：「笨蛋！讓你讀書，卻變成不懂變通的文人。自古以來，靈活變通的人，才能生存活下來。你仔細看清楚形勢，明朝已經無法抵抗清軍，你趕快收拾收拾，跟我一起投降清朝。」

　　鄭成功見勸阻無效，失望地一邊哭，一邊把過去穿的儒服用火燒掉。他仰天大聲說：「以前我是穿著儒服的讀書人，從今天起我就是軍人了。就算只剩下我一個人，我依舊會效忠明朝的。」這一年鄭成功二十三歲，正式與父親決裂。

　　自此之後，鄭成功以金門、廈門為根據地，吸收原本鄭氏集團的勢力，成為東南地區的抗清力量。鄭軍和清軍交戰多次，雖然清軍勝利，但也無法完全殲滅鄭成功的勢力。

反清復明！

　　1661 年對鄭成功是很困難的一年。清朝使出最後手段,以鄭成功親人的性命威脅鄭成功投降,鄭成功卻仍堅持「反清復明」,最後鄭芝龍及當初跟著投降清朝的鄭氏一族全都被殺。也是在這一年,鄭成功決定攻打澎湖與當時被荷蘭人統治的臺灣,做為「反清復明」的長期根據地。經過九個月的苦戰,荷蘭人終於簽字投降,離開臺灣。但幾個月後,鄭成功也因病去世,享年三十九歲。

　　鄭成功死後由他的兒子鄭經繼承,陳永華輔政,經營臺灣,歷經鄭成功祖孫三代,歷史上稱為「鄭氏時期」。小朋友現在去臺南,可以看到的許多古蹟都是「鄭氏時期」留下來的。例如:臺南「安平」是鄭成功取的地名,而「安平古堡」就是鄭氏三代居住辦公的地方。另外,臺南著名的「成功大學」就是取自鄭成功的名字。

職業扮裝5 **軍事家**

　　第四章介紹了擅長騎兵戰、守衛戰、海戰不同作戰方式的三位將領。第一位是崛起於東北，擅長帶領騎兵（騎馬作戰的兵士）作戰的清太祖努爾哈赤。第二位是利用新式火炮，擅長守城，保衛明朝邊境，打敗努爾哈赤的袁崇煥將軍。第三位是擅長海戰，縱橫大海的鄭成功。

　　小朋友你是軍事迷（喜歡戰爭故事、研究作戰策略與軍事裝備的人）嗎？古代帶兵打仗的將領，到了當代又稱為「軍事家」，是軍隊中的高級將領。要成為「軍事家」必須要有勇敢地走向戰場，勇敢地作戰，及必要時勇敢地犧牲的決心。還要知道如何作戰以及指揮軍隊，需臨機應變，而且快速地下達作戰指令，在敵人還沒攻打前，就先預測到敵人的行動。

　　最強的軍事家擁有「預先知曉」的絕技，率領軍隊打敗敵人，取得勝利。代表人物有戚繼光（第三章）、袁崇煥與鄭成功（本章）。小朋友想要成為「軍事家」嗎？可以先參考將領們面對不同戰事時，採用的各式「必勝」絕技喔！

5　　5　　5

養成技能

勇氣過人，不怕犧牲

果斷的決策力，能帶領軍隊

機警靈活，隨機應變

必殺絕技

神機妙算，能預先知曉敵人行動

START

五、清朝盛世1：
性格堅忍，視野開闊的康熙帝

接下來要跟小朋友介紹清朝三位個性不同的皇帝——康熙、雍正、乾隆，他們共在位一百三十四年，開創了清朝的富強盛世，歷史上將這段時期稱為「康雍乾時代」。

康熙皇帝的爸爸是順治皇帝，他是清朝入關後的第一個皇帝，但他二十四歲年紀輕輕就過世了，留下一堆難題給八歲的小天子——康熙皇帝。

不要小看我！

康熙當上皇帝時，內政上有輔政大臣的步步進逼，對外則有不滿被清朝統治的漢人隨時準備推翻清朝。康熙皇帝年紀雖小卻個性堅忍，而且懂得把握時機。以下就讓我們來看看他是如何一步步地克服挑戰。

1. 力擒權臣鰲拜

　　「摔跤」是女真人傳統的運動，康熙以喜愛「摔跤」為理由，光明正大的訓練了一批摔跤手。當時一手掌握朝政的大臣鰲拜覺得，這只是少年人的遊戲，並不在意，還很高興少年皇帝把精力放在遊戲玩耍，更有利於他獨掌朝政。

　　這天康熙問最厲害的摔跤手：「你的武藝比起我們清朝第一勇士鰲拜如何？」

　　摔跤手答說：「只有我一人，當然打不過鰲拜。但若是大家一起上，應該可以打成平手。」

　　康熙聽了，說：「朕對你們的期望，不是平手，而是要能打敗鰲拜。你們以此為目標，繼續練吧。」

　　康熙設計了一場戲，趁著鰲拜入宮時，藉口要跟鰲拜討教摔跤，讓這群摔跤手合力抓住鰲拜。

你眼裡還有我嗎？

皇上冤枉阿！

鰲拜被抓時，仍不敢相信，大聲喊冤：「皇上，快命這群摔跤手放開我。臣身為輔政大臣，為何抓住臣不放？」

康熙說：「鰲拜，你雖身為輔政大臣，但做事自大跋扈，凶惡野蠻。朝中跟你不合的大臣，你就任意陷害殺人。你眼裡還有沒有朕這個皇帝？」

康熙將鰲拜抓拿下獄沒收家產，列出鰲拜的三十條罪責，徹底剷除鰲拜勢力。自此之後，康熙慢慢掌控朝廷大權，開始親自處理國家大事。

2. 裁撤三藩，取得臺灣

清朝前期的統治者，都很有政治謀略。他們深知要征服南方的漢人，只靠清朝軍隊是不夠的，所以利用高官跟錢財吸引漢人將領，讓漢人自己去打漢人，因此有了「三藩」的設置。

「三藩」是指三個分封南方的漢人藩王，他們因為幫清朝打伐有功而受封為王，管理南方，分別是引清兵入關的吳三桂，以及尚可喜跟耿精忠。

康熙掌握權力後，漸漸不能容忍三藩的存在，他想：「三藩可以隨意任用官員，收稅、徵兵都不受朝廷的約束。長久下去，只怕三藩境內的人民，只知有藩王，而不知朕。」於是他下了裁撤三藩的決心。

此時正好三位藩王上書，假裝願意自己先撤藩，想測試康熙的反應。三藩上書願意撤藩，有如「搬石頭砸自己的腳」，康熙正愁找不到好理由撤藩，馬上下旨同意。三藩為了保住自己的地盤，只能起兵反抗清朝，歷史上稱為「三藩之亂」。

如果吳三桂、尚可喜跟耿精忠三位漢人將領願意團結合作，加上鄭氏的海軍勢力，漢人政權想要占據部分南方也不是不可能。可惜他們彼此猜忌防備，誰也不信任誰。反而讓清朝分別擊破，最後全都被清朝給收拾了。裁撤三藩與取得臺灣，對康熙而言，讓原本漢人的天下全部都納入清朝統治之下。此後較少有大規模的武裝反清抗爭，讓清朝可以專心於國家的外交與內政治理上。

3. 康熙的統治

　　康熙總共在位六十一年，不僅是清朝在位最久的皇帝，也是中國歷史上在位時間最長的皇帝。因為當皇帝的時間很長，所以他也做了很多事。

　　在領土開拓上，康熙與北邊的俄國簽訂條約，確定中國北方的疆界線。他還三次親自出征漠北，將現在的「外蒙古」納入版圖。之後，又將西藏也收歸清朝統治。小朋友從地圖上可以看出，這個時期的中國是一個版圖遼闊，而且國力強盛的大帝國。

清代疆域圖

庫頁島

黑龍江

烏蘇里江

漠西蒙古

漠北蒙古

漠南蒙古

回部

清

古

北京

黃河

青海蒙古

西藏

河

江

長

粵

江

臺灣

圖　例

● 都　城

—— 疆　界

海南島

康熙皇帝還是一個用功的學生，擁有旺盛的求知慾，對於不明瞭的事物都很謙虛地學習。康熙喜愛漢人文化，用心學習漢人經典，又下令編寫字典、繪製地圖。康熙對西方文化也十分感興趣，向西方傳教士學習數學、天文、醫學等知識。因為康熙本身的人格特質：堅忍並熱愛學習，使他成為一個雄才大略，視野開闊的皇帝，奠下了清朝興盛的根基。

六、清朝盛世 II：

嚴厲勤政的雍正帝

1. 皇阿瑪到底傳位給誰？

英明神武的康熙皇帝到了晚年面臨了一個困難，兒子生太多了（超過二十個），大家都爭著要做皇帝。康熙最喜歡皇后生的二兒子胤礽[註]，很早就立他為太子。但胤礽個性兇狠暴烈，不仁慈又不孝順，最後康熙只能下令廢太子。之後，康熙都未立太子，也不表明態度，讓皇子們覺得「人人有希望，各個沒把握」。

皇子彼此勾心鬥角，影響清朝政局動盪不安。從廢太子到康熙過世前的十多年間，發生過許多內鬥風波，背後經常是不同皇子們的爭權。這也成為當代小說、電視劇、電影的最佳題材，最後勝利登上皇位的是皇四子胤禛[註]，史稱雍正皇帝。

關於雍正皇帝的繼位有許多傳說，最著名的是：雍正修改了康熙的遺詔，遺詔文字原本為「傳位十四子」，雍正將「十」上方加上一橫為「于」，變成「傳位于四子」。事實上，清朝的遺詔是同時有「漢文」與「滿文」的，即使修改了「漢文」，「滿文」對不上也

沒用。加上遺詔將皇子的「排序」及「名字」一起寫出來，如：皇四子胤禛，因此實際上很難偷改。「康熙遺詔」典藏在臺北南港的中央研究院歷史語言研究所歷史文物陳列館，內容翻譯成白話文是：「雍親王皇四子胤禛人格高貴，做事情很像我（康熙），一定能擔任大任，我決定讓他繼承皇位。」

　　所以，關於「雍正改遺詔才成為皇帝」的傳說可信度不高。但也有人質疑這份遺詔是康熙皇帝死後，雍正皇帝自己寫的。真真假假，這是歷史有名的懸案，小朋友可以試著搜集資料調查看看，能不能找出「歷史真相」喔！

2. 勤勞的皇帝

　　雍正四十五歲登基，正值精力充沛的年紀，而且以前年輕時幫忙康熙處理國家大事所累積的經驗，也

在此時派上了用場。雍正個性剛強嚴厲，對於政務很勤奮，每天都工作到很晚，留下大量批奏摺的文字，臺北國立故宮博物院收藏很多雍正批改的奏摺，批改的文字都是用紅筆，就像老師批改作業，還會寫下自己的想法與指示。奏摺中有一段雍正寫給大臣的話，他說：「我就是這樣的男子漢！我的個性就是這樣！當上了皇帝，還是一樣！你身為大臣，你不背叛我，我就不會辜負你，會讓你當高官拿高薪。我們一起努力加油！」從這裡就可以看出雍正對待臣子的態度，是很誠實不吝嗇的，展現出身為皇帝的直率跟霸氣。

雍正雖然只有在位十三年，但他打擊貪汙的官員，改革稅制，讓國庫銀子滿滿。雍正收拾了康熙晚年因寬鬆而造成的政治腐敗現象，也留給兒子乾隆一個國庫充盈，政治清明的國家。可以說雍正是一個承先啟後，奠定「康雍乾盛世」的關鍵人物。

3. 朕可是生活美學家

　　雍正算是中國歷代皇帝以勤勞出名的，但是工作之餘，他的休閒嗜好是什麼呢？就像小朋友除了上學以外，有人嗜好收集貼紙，有人喜歡蒐集玩具公仔，而雍正的嗜好是把玩精美的器物，他希望生活周遭不論是看的或用的都是好的、精巧的、高雅的東西。這是他辛苦當上皇帝後，抒解壓力的方法。用現代的眼光來看，雍正可說是一位生活美學家。因此，雍正經常命令宮裡的工作坊，依據他的喜好跟藝術品味，打造各式用具器物。

　　這天負責管理工作坊的臣子呈上了新打造的瓷器：「啟稟皇上，這是新做好的琺瑯彩瓷碗。」

　　雍正看了看，不是很滿意地皺起眉頭說：「用看的就知道，這碗又厚又粗糙。瓷器就是要薄，要細緻。重做！」

琺瑯彩瓷是什麼？

　　琺瑯彩瓷是中國古代稀少珍貴的瓷器，製作非常複雜。要以中國最好的白色瓷器為底，用外國傳入的琺瑯彩釉料上色畫畫，最後再用火低溫燒製才能完成。琺瑯彩瓷是清朝皇帝的最愛，代表皇帝的美學品味，只有出現於清朝皇宮內，偶爾也會賞賜給重要外賓。清朝流傳下來的琺瑯彩瓷，數量很少，每一件花紋都不一樣，主要藏於臺北故宮博物院，若有出現於拍賣會上，每件拍賣價都是臺幣上千萬或上億元。

隔天臣子又呈上修改過的碗，雍正摸了一下，看了一會，依舊搖頭說：「燒製是有進步，摸起來比較薄了。但這圖案好蠢又俗氣，要文雅素淨，懂不懂？重做！」

工作坊的工匠們連續兩次被雍正退貨，急得團團轉，只好求助宮廷畫家幫忙。畫家思考著要如何才能展現雍正皇帝要求的「文雅」，於是畫了一幅山水畫的圖樣。

臣子不安地第三次呈上瓷碗，雍正把碗拿起來，上看下看，左看右看：「嗯～有山有水，有房有小舟，山嵐映照著湖面，兩邊高山夾著青綠色的波濤。秀雅細緻，好好好，做得很好，有賞！」這個碗目前收藏在臺北國立故宮博物院，名稱是「清雍正琺瑯彩瓷青山水碗」，底部印有「雍正年製」四個字，代表這碗是雍正年間製作的，充分表現出雍正的藝術品味。

雍正對這些日常器具的製造很在意，時時盯著，不斷地強調提醒「造辦處」要「秀氣、細緻、文雅」。他透過這種「養眼」的方式，緩解來自政務方面的龐大壓力。一般人對雍正的印象都是嚴厲勤政的皇帝，較不為人知的是他的藝術品味。有學者曾經評論：雍正皇帝的藝術品味，高於他的父親康熙皇帝，也是他的兒子乾隆皇帝所比不上的。小朋友你若想要更進一步了解雍正的藝術品味，不妨去故宮走走，找找看印有「雍正年製」的瓷器、琺瑯、漆器等。

愛蓋章的乾隆皇帝

小朋友你喜歡蓋章嗎？你會在自己的物品上留下印章嗎？

乾隆皇帝是個「蓋章魔人」，他的休閒活動就是欣賞歷代有名的繪畫，觀賞之餘順道在畫作上蓋自己的印章，並寫上自己的觀畫心得。就連出外旅行下江南，也要帶著喜歡的作品，一邊欣賞一邊蓋章。小朋友如果你去故宮博物院參觀，看到作品上有很多紅色的印章，十之八九就是乾隆皇帝留下的紀錄囉！

蓋章是一種宣稱「我擁有這件作品」的行為，雖然有時蓋章難免損害作品原有的畫面，但在辨別真假畫作時，收藏者曾經留下的印章或心得，就成為幫助文物鑑定很有用的線索。

職業扮裝6 工藝家

　　本章介紹清朝宮廷裡的工作坊，裡面聚集全國最優秀的工匠，負責製作皇家各式器物。這些工匠到了當代成為「工藝家」，我們日常生活中使用的各種物品，從椅子、書桌、餐具、茶具、文具、首飾、燈具等等，都是工藝家設計並製作出來的。

　　小朋友你喜歡設計，喜歡自己動手做出作品嗎？若答案是 "Yes"，可能你就具備成為「工藝家」的熱情。然而除了「熱情」之外，「工藝家」還需要「創作能力」，先選擇一樣有興趣的材質（如陶瓷、金屬、木材、皮革等），依據材質特性，動手發揮想像力創作。其次，除了會做東西，還要將東西做得好看、有品味，這時需要的就是「設計能力」，包含創意、巧思、設計方法等。頂尖工藝家的絕技是：「提供幸福感」，好工藝家創作的物品，能讓使用物品的人們，覺得很舒服開心。這可是人們決定購買餐具、文具、首飾、燈具等用品時的關鍵喔！

　　小朋友準備好接受成為「工藝家」的挑戰了嗎？

養成技能

熱愛DIY自己動手做

想像力、創造力無限

有巧思、有品味

必殺絕技

作品提供滿滿幸福感

START

七、清朝盛世 III：
自稱十全老人的乾隆帝

雍正皇帝去世後，繼位的是中國歷史上壽命最長的皇帝乾隆，他活到八十九歲（第二名是八十二歲的武則天，第三名是七十九歲的忽必烈）。因為乾隆活這麼久，二十五歲就成為皇帝，所以關於他的故事可真不少喔！

乾隆當了六十年的皇帝，他最喜歡各地趴趴走，有超過二分之一的時間都在各地考察兼旅遊，例如去滿洲人的發跡地東北祭祖，表示不忘祖先；夏天去避暑山莊，邀請邊疆少數民族的領袖或外國使節一起吃飯看表演，跟周圍鄰居保持好關係；秋季去圍場打獵，代表維持滿人重視武功的傳統；還去山東祭拜孔子，表示尊重漢人文化；曾六次下江南，拉攏江南地區的漢人地方精英。「乾隆下江南」後來還流傳了許多故事，成為小說、戲曲很受歡迎的取材來源。從這裡可以看出，乾隆是一個精力旺盛，玩樂不忘辦正事的皇帝。

明清職業扮裝秀

1. 乾隆眼中的十全武功

　　小朋友若問乾隆「什麼是他一生最滿意的功績?」他會回答:「朕當皇帝的六十年間,曾打贏十場戰事,這就是朕自己最自豪的政績。為了宣傳,朕還用滿、漢、蒙、藏四種文字刻了石碑,讓大家都知道。」

　　乾隆稱這十場戰事為「十全武功」,稱自己為「十全老人」。這十場戰役擴大了清朝的疆域,讓中國版圖納入現今的新疆與西藏。但乾隆這十場戰事及六次下江南都花費大量金錢,將父親雍正好不容易存下的國庫銀子越花越少。

乾隆的十全武功當中，有一場戰事就發生在臺灣，它是由天地會領袖林爽文發起的抗清行動，稱為「林爽文事件」，是清代治理臺灣時期規模最大的民間抗爭活動。天地會是漢人組織起來反抗清朝統治的團體，它在一般民眾中很有影響力。

　　造成「林爽文事件」發生的原因主要有兩點，一是臺灣官府不停地向民眾收稅，激怒了民眾。二是官府捉拿天地會會員，迫使會員抵抗。當時天地會領袖林爽文率領憤怒的民眾反抗官府，他們自臺灣中部向北、向南擴展占領地區，最後整個臺灣，只剩下南部臺灣府、諸羅，中部鹿港沒有被攻下。清朝眼見情勢不利，只好趕快派兵緊急來臺灣平亂。從林爽文起事到失敗被抓，共經過了十五個月才平定。

乾隆相當看重此次戰役，將它列為「十全武功」之一。事後，為紀念諸羅城官民勇敢護城，抵抗林爽文，將「諸羅」改名為「嘉義」，取「嘉其忠義」（讚美嘉獎當地官民的忠勇正義）之意，就是現在「嘉義」地名的由來。

2. 誰編了《四庫全書》？

你知道古代書籍是如何保存及流傳的嗎？那時可沒有影印機可以列印，也沒有掃描機可以掃成電子檔，可以做的就是用毛筆「手抄」，或是由官府、書坊或私人花錢刻印圖書，但刻印圖書相當花費人力、時間、金錢，因此書的製作是相當不容易的。小朋友還記得第二章明成祖的故事嗎？他曾經集合兩千多位讀書人，把從古至今的圖書都蒐集起來，以自己的年號命名，編了一本《永樂大典》。到了乾隆當皇帝的時候，《永樂大典》經過三百多年的戰亂火災等，很多書已經毀壞或不見了，於是他下令大學者紀曉嵐擔任總編輯，開始編纂《四庫全書》。

擔任《四庫全書》總編輯的紀曉嵐是什麼樣的人呢？他從小就是出名的神童，年紀輕輕便順利成為進士，是科舉考試勝利組的代表。紀曉嵐學問淵博，個性幽默詼諧，曾發生過許多趣事。有一次紀曉嵐去參加好友母親的生日宴，宴席間眾人鬧著要紀曉嵐寫一

首祝賀詩。紀曉嵐拿起毛筆在紙上寫下：「這個婆娘不是人。」

眾人一看，臉色大變。紀曉嵐抬頭看了大夥的臉色，眼裡偷偷閃過一道光芒，揮筆再寫：「九天仙女下凡塵。」大家看了才鬆了一口氣。

沒想到紀曉嵐接著又寫：「生個兒子去做賊。」好友忍不住開口大罵：「你罵誰是賊？」「就是你啊。」紀曉嵐笑著回，然後寫下最後一句：「偷得蟠桃獻母親。」這時眾人才知道紀曉嵐用這首詩來開大家玩笑，也佩服紀曉嵐的急智與幽默。「蟠桃」是傳說中西方王母娘娘的仙桃，吃了可以延年益壽，民間給老人家祝壽多會準備壽桃。紀曉嵐用「仙女」、「蟠桃」作詩，就是這個由來。

乾隆召集了許多文人一起參與《四庫全書》的編纂，紀曉嵐是總負責人。編纂過程，可簡單分為幾個步驟：首先將從古至今流傳的書籍通通都找來，依據書的內容來分類；其次，負責編纂的文人仔細閱讀書中內容，刪除書中批評清朝的文字；第三，比較不同版本的差異，較好的版本才會收入《四庫全書》。

這是一件很大規模的文化工程，除了編纂書籍的文人，還有一大批抄寫員。官方記載著，光是抄寫員就有二千八百多位，這人數可能比小朋友

學校總人數都還要多。這些抄寫員多是鄉試落選但字跡整齊乾淨的秀才們，還規定每人每天要有一千字的進度，才可以吃飯領錢。因此《四庫全書》為後世保留了大量的古書，約三萬六千多冊，這些書籍都經過學者們的整理確認，有一定的水準。

　　但是其實在編纂《四庫全書》的過程中，清朝也趁機銷毀了很多反清或不利清朝的書籍。據說被銷毀的書籍總數，幾乎趕上《四庫全書》抄寫書籍總數。

職業扮裝7 編 輯

　　本章介紹編纂《四庫全書》的總編輯紀曉嵐。小朋友你曾經注意過書本打開的前面或後面，會有一頁寫著書籍詳細資料，標明書籍產出的貢獻者嗎？除了「作者」外，另一位重要的人物就是「編輯」。簡言之，「編輯」就是負責將書籍出版製作有關的所有人、事、物連結起來，使書可以順利出版的人。工作內容包含：要寫什麼主題、邀請哪位作者及插畫家、什麼時候完成等等。

　　小朋友你喜歡進行從無（主題規劃）到有（書籍完成）的工作嗎？若答案是"Yes"，可能你就具備成為「編輯」的熱情。然而除了「熱情」之外，「編輯」還需要有兩項能力。一是「敏銳的判斷力」，因為編輯通常是一本書的第一位讀者，需要提供修改建議給作者改進內容，而這通常需要透過大量閱讀才能培養出敏銳判斷力。二是「良好的溝通力」，一本書的完成除了最初的規劃，還要說服作者加入寫作，中間來來回回的溝通討論，都需要具備良好的溝通能力才能完成。頂尖編輯的必殺絕技是「作品吸睛力」，凡是經手的作品，都能登上熱門暢銷排行榜，成為人們討論談話的主題。

　　小朋友準備好接受成為「編輯」的挑戰了嗎？

養成技能

構思規劃的**熱情**

敏銳的**文字判斷力**

良好的**溝通力**

必殺絕技

讓書籍登上熱門暢銷排行榜

START

3. 假祝壽之名的英國人

你知道英國國王曾經派人向乾隆祝壽嗎？這事情發生在乾隆八十三歲時（1793年），英國特使馬戛爾尼帶著英國國王寫的信跟禮物前來。乾隆原本很開心地準備接見這群外國人，他心裡很得意，覺得這表示大清朝國威顯赫，連遠在天邊的英國國王都知道，還派特使團來祝壽。但還沒見面前，雙方為了「禮節」問題發生了爭執。

清廷接待大臣對馬戛爾尼說：「外國人要見皇帝，都要行三跪九叩的禮儀，皇上才會接見你。」

「啥？三跪九叩是什麼？」

大臣心裡暗想：「外國人果然不懂禮儀。」但還是開口解釋說：「三跪九叩，就是你雙膝下跪三次，每一次下跪都叩頭三次，加起來就是九次叩頭。」

馬戛爾尼聽到後，臉色大變，說：「不行不行，我是代表英國國王前來，不能行這樣的禮。而且在英國，我們也沒有行這樣的禮。」

大臣跟馬戛爾尼為了「禮節」爭論了很久，最後馬戛爾尼還是堅持以「單膝下跪」（見英國國王之禮）跟乾隆皇帝會面。

　　會面當天，乾隆見到馬戛爾尼只有單膝下跪，第一印象就很差。再看到英國人送的禮物，天文望遠鏡、地理儀器、鐘錶、船模型和槍枝等，乾隆覺得：「禮物實在不怎麼樣。這些東西傳教士早就送過了，還裝飾得比較美。」但表面上還是笑著，接受了這些禮物。

　　之後馬戛爾尼正式向乾隆提出，希望中國能夠開放與英國通商，英國的商船可以在多一些港口停靠，與清朝做生意。馬戛爾尼還提出希望讓英國傳教士可以來傳教。乾隆這時才搞清楚英國人的目的，他大怒罵說：「好啊好啊，這群英國人根本就是名不符實的騙子。說是要來祝壽，帶來的禮品也不怎樣，現在還提出一堆要求。真是狂妄自大的蠻人。」

於是，乾隆寫了一封信回給英國國王，信中寫道：「大清朝的物產豐富，根本不需要跟外國通商。是外國人需要大清的茶葉、瓷器、絲織品，朕才大方開放一個港口讓外國船可以停靠做生意。如果答應英國的要求，日後還有其他國家，沒完沒了。所以沒有辦法答應你們的要求。」

最終馬戛爾尼沒有達到通商目的，只好遺憾地離開中國。

1793 年馬戛爾尼要求與清廷通商的那個年代，清朝是一個強大的國家，人口超過三億，約占當時世界人口的三分之一，乾隆有驕傲的本錢。那時的西方已經發明蒸汽機，可以為機器提供發動的動力。西方經濟逐漸以機器取代人力、獸力，英國想將機械產出的大量紡織品賣到中國賺錢，卻遭乾隆拒絕。

之後有人批評乾隆跟他的大臣們拒絕英國，讓中國錯失了一次和世界各國交流的機會。小朋友想想看，假如你是乾隆皇帝，會答應英國的要求嗎？你覺得乾隆寫給英國國王的信上，說得有道理嗎？

八、外國人來了

上一章講到有外國使者來到中國幫乾隆皇帝慶生的事情。小朋友你知道這群外國人是怎麼來的嗎？答案是：坐船。

東方與西方，自古以來就屬於兩個不同的世界。雖然有幾次陸上的接觸（如漢代張騫通西域、成吉思汗建立跨歐亞兩洲的蒙古帝國），但真正比較密切頻繁接觸，對東方產生改變，是在 1498 年（明朝中期）葡萄牙人達伽馬發現可以從歐洲航行到亞洲的海上通路之後。這條路線除了商人之外，還吸引了很多傳教士來東方傳教。

第八章要介紹兩位耶穌會傳教士利瑪竇與郎世寧。他們兩位都是義大利人，都在三十歲前後坐船來到中國傳教。為了融入中國，他們學習中文，穿起中國的服裝，還在中國住了下來，對於中西文化交流有著很大的貢獻。

1. 融入中國的傳教士：利瑪竇

小朋友你會說幾國語言呢？利瑪竇是位博學且擁有語言天賦的義大利傳教士。他尚未來到東方之前，

已經在羅馬接受了耶穌會傳教士的訓練，學習數學跟天文學，他還學會了希臘文、葡萄牙語及西班牙語。利瑪竇在明朝末年來到東方，他心想：「我來中國傳教，當然要用中國人懂的話來傳教。中國讀書人地位崇高，我要唸儒家經典，這樣才能跟讀書人做朋友。」不僅如此，利瑪竇還將儒家的重要經典翻譯為拉丁文。小朋友我們從小學中文，但

我會講中文喔！

是你有辦法將古文像是「己所不欲，勿施於人」，翻譯成閩南文或英文嗎？從這個例子，就可以知道利瑪竇的厲害了。

當利瑪竇能流利地以中文與讀書人對談時，他認識了徐光啟。徐光啟是科舉考試出身的明朝官員，比利瑪竇小十歲，他對利瑪竇口中描繪的西方科學及數學特別有興趣，想了解西學與中國傳統學問的差異，常常向利瑪竇討教。

「小徐，你知道古希臘數學家歐幾里得《幾何原本》這本書嗎？」利瑪竇問徐光啟。

「不知道。這是什麼書？」

　　「是一本數學書，用你們的話就是一本講演算法的書。裡面講幾何數學、代數、平行線、圓跟角。」

　　「啊？」徐光啟一臉疑惑地看著利瑪竇。

　　利瑪竇拿起毛筆，一邊畫一邊解釋著：「凡角大於直角為鈍角。」

　　徐光啟聽了眼睛發亮，趕緊追問：「什麼是直角？什麼又是鈍角？」

　　於是，徐光啟跟利瑪竇合作翻譯了《幾何原本》，並刻印成書發行。《幾何原本》書中的翻譯名詞，如：點、平行線、曲線、銳角、三邊形（三角形）等等，直到今天都還在使用。清朝紀曉嵐將《幾何原本》抄

寫放入《四庫全書》中，他稱讚《幾何原本》說：「書中對數學題目的解答，由淺而深，由簡而繁，是一本好書。」

利瑪竇在中國生活近三十年，他最大的貢獻是促進了「中西文化交流」。他用學習中文，讀儒家經典的實際作為，融入中國這個有點封閉的老國家，用中國人可以接受的方式，跟中國文人介紹西方的文化與科學，打開中國人對西方世界的認識。

2. 畫馬大師：郎世寧

利瑪竇之後，另一位活躍於中國的耶穌會傳教士為郎世寧，他是清朝康熙、雍正、乾隆三朝的宮廷畫家。清朝滿洲人原是擅長騎馬狩獵，奔馳在草原上的民族，皇帝們特別喜愛駿馬，因此擅長畫馬的郎世寧當然也就受到重用。

郎世寧的《百駿圖》（典藏於國立故宮博物院），是一幅很長的畫（長 776.2 公分），以大自然山水為背景，畫中每匹馬的顏色、動作、姿態、神情都不同。我們可以看到樹下安靜站立的馬，低頭吃草的馬，背倒在草地上抓癢的馬，半臥休息的馬，遠方草地上奔跑的馬，正在過河的馬等等。郎世寧用西洋畫的寫實技法畫馬（指像照相機一樣，畫得很像），融合中國山水畫的背景，呈現中西兩種畫風的特色。小朋友假如你是位畫家，你能畫出跟郎世寧不一樣動作的馬嗎？

除了畫馬，郎世寧也經常幫清朝皇帝及皇后畫肖像畫，他可以真實畫出人物的五官及表情，乾隆皇帝就特別喜歡找郎世寧幫他繪製肖像畫。

3. 法國做的銅版畫

第七章有說到乾隆皇帝和他最自豪的「十全武功」，排名第一名的是清朝與西北邊回族「準噶爾」的戰爭。乾隆皇帝覺得這麼重要的成果，一定要用特別的方式記錄下來，所以他召見郎世寧討論。

「朕覺得跟準噶爾的戰爭，我軍表現得太好了，一定要想個辦法記錄下來。」

「臣可以將戰爭的過程畫下來。」郎世寧回答。

乾隆皺著眉頭說：「雖然畫下來也可以，但這樣不夠特別，沒辦法表現這場戰役的偉大，讓大家都知道。」

郎世寧心想：「要特別、要讓大家都知道。」腦中突然閃過一個想法，於是他對乾隆說：「臣聽說過有國外的君王曾將統治功績製作成銅版畫。就是把圖畫雕刻在銅版上，然後在銅版塗上顏料，再把紙蓋上去就好了，可以像印刷術一樣不斷印製，然後賜給眾臣。這樣皇上平定準噶爾的功績就可以大為流傳。」

　　「好～好～好～這主意太好了，朕之前看過洋人的戰爭銅版畫，相當精美，就這麼決定。」

　　於是乾隆命令郎世寧與其他畫師先畫草稿，然後再委託法國巴黎有名的銅版師傅依草稿製作成銅版畫。其實當時中國也有製作銅版畫的技術，為何要千里迢迢地委託外國人呢？大家猜想原因可能有兩點，第一是西方製作銅版畫的工藝較中國成熟，另一點是乾隆的「心機」，希望透過委託外國的過程，藉機讓西方國家知道自己的豐功偉業。

這批銅版畫從草稿繪製、銅版製作、印刷成圖，前後總共經過了十二年時間，分成十次運送，花了許多錢，才得以完成。可惜的是郎世寧在繪製完畫稿後，不久就過世了，無緣見到這批精美的銅版畫作品。小朋友若是對郎世寧畫作有興趣，不論是《百駿圖》、人物肖像畫或是法國工匠花十二年才完成的銅版畫，目前都典藏在臺北國立故宮博物院中，可以前往觀賞郎世寧偉大的創作作品喔！

4. 討厭傳教士的雍正

小朋友你有宗教信仰嗎？你的宗教信仰是不是跟你的父母或祖父母一樣？如果有人想說服你改信另一個宗教，你會不會覺得很煩呢？這就是清朝雍正皇帝遇到的情況。

明清時期來中國的耶穌會傳教士，屬於天主教。天主教只信奉天主（即上帝），與中國傳統的多神信仰（可以拜很多位神明）很不一樣。天主教不准中國教徒祭拜孔子與祖先，這與中國幾千年來的傳統文化不合。加上天主教排斥中國既有的佛教與道教，因此雍正皇帝不太喜歡傳教士。

有天雍正皇帝召集宮廷內的傳教士，問到：「你們天主教徒們需要聽誰的話？」

傳教士回答：「教徒們都要聽從義大利教皇的命令。」

「那朕的百姓若變成天主教徒，他們是要聽朕的命令，還是教皇的命令？」

　　傳教士被雍正的問題難倒了，也答不出來。雍正還想到另一個狀況：「要是洋人打過來了，朕下令民眾抵抗，要是信仰天主教的民眾不聽指揮，變成內應，那不就很危險。」雍正皇帝越想越覺得，天主教恐怕會威脅到自己的統治權。加上發生了天主教徒捲入皇位爭奪鬥爭的事件，於是雍正皇帝下令「禁止天主教在中國傳教」（也就是「禁教」）。雖然在宮廷任職的傳教士可以留下來（像宮廷畫師郎世寧），但是卻不能傳教。

　　其實，從康熙就有發布「禁教」，只是沒有很嚴格的執行。到了雍正皇帝，他再次下令「禁教」。有些人認為「禁教」結果，使洋人帶來的西方新科技與知識傳入也跟著中斷，令中國喪失了現代化的機會。小朋友若你是雍正皇帝，面對可能威脅皇權的傳教士，你會下令禁教嗎?還是你有更好的辦法呢？

九、商業興盛與平民生活

1. 地瓜、馬鈴薯、玉米都是舶來品

　　明清商業發達有許多原因，本章從眾多原因之一的「糧食」來說明。

　　小朋友你喜歡吃地瓜（又稱「番薯」）、馬鈴薯或玉米嗎？仔細觀察每天三餐中，這三種食物是否常常出現呢？不要小看這三種食物，它們可都是從美洲遠渡而來的喔！明朝時地瓜、馬鈴薯及玉米才傳入中國，這三種作物比稻米跟小麥好種植，就算是貧瘠的山坡地，只要一點點水就可以存活。

　　還記得第八章提到的明朝大臣徐光啟嗎？他不僅關心數學，更用心於農業，是推廣種植地瓜的大功臣。地瓜的原產地在美洲，由印地安人種植。後來歐洲人將地瓜帶到亞洲來種植。徐光啟認為地瓜種植容易且產量高，萬一發生天災，是很有用的救災食物，所以他不僅鼓勵老百姓種地瓜，還將地瓜種植、儲藏加工的方法，以及從古至今的農業知識，包含各類種植技術、農具、氣候、地理等等，編寫成《農

政全書》。這本《農政全書》總結中國歷代農業科學知識，因為寫得太好了，也被收錄於《四庫全書》當中。

　　地瓜、馬鈴薯及玉米這三種新作物生存力強且產量高，緩解了中國人口增加時，稻米不足的糧食問題。而多餘的糧食也成為可以販賣的商品，改變以往中國社會自家種自家吃，自給自足的方式，讓多出來的人力可以從事農業以外的其他活動，例如手工業或商業。加上稅制改革，大家還記得第三章時談到張居正改革，讓百姓透過「繳錢」的方式納稅跟服勞役嗎？這代表著百姓不一定要當農夫，也不用為了服勞役一直待在原地，這些誘因都使百姓離開家鄉，外出工作的機會變多，這些都加速了明清兩代的商業發展。

2. 會賺錢也愛讀書的徽商

　　我們可以從很多地方看到明清商業繁榮的景象，例如出現許多大城市（北京、南京、杭州、揚州、泉州等），在大城市裡可以買到各式各樣的東西（茶葉、布匹、絲綢、紙、墨、書籍、陶瓷器、鐵器），而這些東西的生產、販賣與流通，商人扮演著很重要的角色。商人們離開家鄉，四處做生意。他們若是來自同一個地區或同一個家族，常常一起行動或互相合作，久而久之就成了團體。這些團體當中，勢力最雄厚的是來自徽州（今中國安徽省南部）的商人，大家稱呼他們為「徽商」。本章就讓我們透過徽商江阿虎的故事，一起來認識徽商。

　　江阿虎是徽州一個十二歲的小夥子，正跟家人討論出外經商的事。阿虎對家人說：「爹，我們徽州多山，人多地少，一直都是經商居多，您也讓我去做生意吧。」

　　「我看你唸了幾年書，字是認識了，也懂一些道理，但真不是考科舉的料。算了，想做生意就去做。可是生意種類那麼多，有鹽、茶、布匹、墨，你想做哪一行？」

　　阿虎眼睛一亮，趕緊說：「我想做鹽商。這兩天在揚州當鹽商的伯父回來，正在招募人手，我想一起去。」

阿虎爹想了想，點點頭說：「你要聽伯父的話，當商人千萬不能忘了『誠信』二字。」

　　於是阿虎離開了家鄉，先在揚州當鹽商的小伙計，去鹽廠學會曬鹽、收鹽，也去各地販鹽，最後終於成為雄霸揚州的大鹽商。江阿虎賺到錢後，他把錢拿回家鄉做好事，例如辦學校、修理祭拜祖先的祠堂、造橋等等，贏得了好名聲，也吸引了許多徽州子弟前來投靠江阿虎。徽州商人透過同鄉互助的力量，慢慢地遍布到各行各業中，除了揚州之外，活動範圍也擴張到全中國各地區，他們彼此互相合作幫忙，形成很有影響力的商人集團。

賺大錢了不起喔！

　　江阿虎雖是鹽商，但並沒有忘記小時候唸書的事情。他培養自己的孩子唸書考科舉，也常常贊助揚州的文人及畫家。像江阿虎一樣喜愛詩書的徽商很多，家族內也有濃厚的書香傳統。徽商賺錢後，會回故鄉買田、建學校、聘請老師，教育家族中的子弟。鼓勵他們唸書，就算不一定能考得上科舉，至少是個識字知禮的人。徽商出錢出力培養家族內的子弟，據統計，清代徽商子弟考上二百九十六名進士，十五個狀元，當高官者有五十多人。大家還記得要考上進士跟狀元有多難吧！徽商子弟能有這麼好的表現，與強大的「宗族組織」有很大的關係，說明「團結就是力量」。

　　商人子弟當官人數變多，間接也提高了商人的地位。小朋友還記得第三章有提到「士農工商」這句話嗎？這是古代的四種行業排名，古代人認為最好的行業是當士人考科舉，最不好的行業是做生意的商人。中國歷代對於商人的限制很多，因為傳統想法多認為商人是貪圖便宜、唯利是圖的人。比起寒窗苦讀多年的士人、辛苦耕種的農夫、不停鍛鍊手藝的工匠，商人卻只是轉手賣東西就可以賺大錢。例如從產地用較低價錢買進東西，再把東西運到別地以較高價錢賣出。漢朝曾發生商人囤積貨品，左右國家經濟發展，因此歷代朝廷多實行「重農抑商」政策，例如不論商人多有錢，漢代禁止商人穿絲綢的衣服，乘坐馬車。

然而明清兩代商人的地位漸漸提升，還有人將四民重新排名為「士商工農」。

小朋友想想看「商人」在當代社會的角色與影響力，你贊不贊成「士商工農」的排名呢？

3.明清城市生活

明清商人懂得賺錢也懂得過生活，他們帶動了精緻飲食、手工業（紡織、陶瓷、玉器）、出版、園林、繪畫、戲曲等文化休閒活動的發展與興盛，也促使商業城市崛起，城市生活更加多采多姿。這些城市大多出現在交通方便的河邊、江邊或大運河旁，例如江阿虎居住的揚州，就是位在長江與大運河的交匯點上，交通便利，於是聚集了許多南北往來的商人與各式貨品。為了方便商人談生意、宴請賓客求，揚州開設了許多酒樓及茶坊，還發展出蓬勃的戲曲藝術。本段介紹酒樓、茶坊以及明清戲曲發展，帶領小朋友認識明清城市生活的休閒去處。

酒樓主要是民眾吃飯聚餐的場所，就像我們現在的餐廳一樣。為了吸引客人上門，酒樓得要提供好吃的菜餚才行。今天江阿虎來到揚州酒樓，就對「淮揚菜」讚不絕口。淮揚菜講究刀工，以及食材的原汁原味，而喜歡下江南的乾隆更是對淮揚菜中的「文思豆腐羹」大為讚賞。「文思豆腐羹」相傳是文思和尚所做的素菜，羹湯中的豆腐就像髮絲一樣細，吃起來

柔嫩鮮滑。小朋友你都怎樣吃豆腐呢？應該多是切成一塊一塊吃，要把豆腐切成像髮絲一樣細，想想看需要花多久的功夫訓練才能有這樣的刀工手藝，由此可看出淮揚菜的講究與費工。

　　第一章曾經提到朱元璋改變了喝茶的習慣，以「茶葉」取代「團茶」，用熱水泡茶飲用。因為喝茶方式變簡單了，飲茶便開始流行起來。文人雅士為了表現自己的品味，要求要喝好茶、用精美的茶具，連飲茶空間的布置都很重視。一般的百姓就沒那麼講究了，只是單純地在茶館喝茶，茶館對他們來說是和朋友們聚

會、閒坐聊天，或是排解糾紛的地方。除此之外，飲茶文化也帶動了相關商業活動的發展，例如茶館的開設、茶葉茶具的販賣、茶室的家具布置以及擺設等等。

江阿虎自從在揚州酒樓吃到「文思豆腐」這道菜，就念念不忘，趁著元宵節宴請朋友家人，請了揚州酒樓的大廚來家裡準備菜餚。

「今天趁著這個機會，大家可以吃到有名的淮揚菜，飯後大家一起喝茶看戲，家中戲班特地排了一齣新戲。」江阿虎一邊招呼賓客，一邊說道。

一位胖胖的徽商聽了後，大喜回說：「江老闆請客果然有誠意，我們今天不僅有口福，還有眼福了，終於有機會能看江老闆家中有名的戲班，聽說看過一次就忘不了。」

旁邊賓客一聽馬上問說：「新戲！哪一齣哪一齣？去年元宵節看過江家戲班演出後，不論動作、扮相與唱腔都高過其他的戲班。我就一直期待再來江家作客，一飽眼福跟耳福。」

「哈哈哈，不論是嘴裡吃的，眼睛看的，耳朵聽的，今天絕對不會讓大家失望的。」江阿虎很有自信地說。

古代沒有電視、電影，當然也沒有網路可以用，百姓最常做的休閒娛樂，就在廟會或節慶時欣賞戲班的表演。明清有錢的官員或大商人，有些會在自己的家裡養一個戲班，遇到節日或請客時，就讓戲班來表

演。戲曲表演是一種綜合藝術，除了演員在演出時需要又演又唱，還要有人負責寫劇本、譜曲、設計動作，舞臺和演員的服裝也要有專人製做，這些都得要有足夠的資金才能維持。明清有些大商人為了應酬的需要，或是本身就愛看表演，很捨得花錢投資在戲曲上，也讓戲曲藝術的發展更精緻完美。加上明清一些考不上科舉或官場失意的讀書人投入劇本寫作，臺詞文雅且故事吸引人，讓戲曲更加雅俗共賞。例如湯顯祖《牡丹亭》，講青春少女與書生的愛情故事，少女透過靈魂出竅方式追尋愛情，抵抗封建禮教森嚴的社會，一上演就引起熱烈迴響，就像現代熱門的文藝愛情劇。

　　小朋友你覺得明清戲班，跟現代的戲劇表演有何不同呢？假如你是位有錢的商人，你願不願意在家裡養一個戲班，或是出錢贊助支持藝術演出呢？

職業扮裝8 **商 人**

　　本章介紹來自徽州的徽商，他們因為喜愛藝文，行事誠信，也被稱為「儒商」。徽商除了賣鹽，也賣各式各樣的商品。他們走遍大江南北，用便宜的價錢在產地買貨物，接著把貨物運送到其他地方，用較高的價錢賣出，這樣就能賺大錢了。

　　小朋友你想成為誠信且會賺錢的商人嗎？成為商人首先必須要具備好眼光，要能準確地知道大家想要什麼，知道什麼東西好賣，並且用較低的價錢買入。好口才也是做為一位成功商人的必備技能，賣東西時需要有好的口才才能說服買家，讓東西可以用較高的價錢賣出。第三個技能就是數學要好，能夠算出買賣東西的差價，才能決定這是不是一門可以賺錢的好生意。

　　你覺得誰是最成功的商人呢？是當上美國總統的川普，還是推出 iPhone 手機的賈伯斯呢？最厲害的商人能發現生活中的問題，找出方法「解決問題」，讓人們生活變得更好、更便利。當你擁有「解決問題」的絕技，就能成為世界上最會做生意的富商巨賈。小朋友準備好接受成為富商巨賈、無敵商人的挑戰了嗎？

寫在最後，但故事仍持續發生

　　本書從元朝末年朱元璋出生開始說起，歷經朱元璋建立明朝、明成祖遷都北京、明代中期黨爭，到明末女真人興起、清朝盛世的三位皇帝，中間穿插科舉考試、外國傳教士、以及明清的商業發展。這當中大約四百多年的中國歷史（十四世紀～十八世紀末），除了掌握最高權力的皇帝外，還出現了許多有趣的人物及職業，他們都各自在歷史上扮演了重要的角色，包括：調查官員隱私的調查員、宣揚國威的外交官、勇於變法的政治家、具想像力的小說家、帶兵打仗的軍事家、為皇帝製作精美器具的工藝家、編出規模最大

叢書的編輯、以及會賺錢的商人。這八種職業達人，可以提供小朋友思考長大後的職業。

　　清朝中期的中國還是一個強大的國家，所以雍正皇帝不高興就可以禁止外國人傳教，乾隆皇帝也可以拒絕英國人的通商要求，並寫信說：「中國不需要外國的東西」。然而時代的巨輪不斷轉動，中國雖然不需要外國的東西，但西方人卻視中國為一頭肥羊（硬是想要來中國賣鴉片）。當外國人「動口」無法達成目標，下一步就是「動手開打」，直接發動戰爭。中國被迫開啟門戶，揭開十九世紀近代中國動盪的序幕。

城菁汝

政大歷史系畢業，英國博物館學碩士，臺灣藝術大學博士。從事博物館數位典藏多年。熱愛看小說與逛博物館，努力思考如何以平易近人又有趣的方式，呈現歷史與物件背後所隱藏的動人故事。著有《最能接受批評的皇帝：唐太宗》、《牧童皇帝：朱元璋》。

簡志剛

從出生後會拿筆的那刻開始就愛塗塗抹抹，不管在臉上、身上或牆上，不管畫的是走的、游的還飛的，就這樣一路畫到大，終於如願以最愛的插畫維生。愛美術也愛音樂、愛運動，努力的嘗試不同的新鮮事兒，用力的將藝術融入生活，融入自己的呼吸和血液。出版了三十多本插畫書，開過多次插畫展、水墨畫展、雕塑展、音樂會，今後也將繼續熱血的畫下去！

歷史遊戲王

為小朋友寫的中國歷史，自己就能讀

歷史學者是怎麼和自己的孩子講中國歷史呢？歷史變身為精彩刺激的故事。

文字淺白有趣，兼顧正確，難字附上注音，配合插圖帶出情境，小朋友自己就能親近歷史。

以遊戲來包裝歷史，每一本都不一樣唷

疊疊樂就像遠古先秦時代，古人創造發明文物制度，到了春秋戰國制度崩解的過程。

秦漢～南北朝各路英雄好漢搶奪大富翁地盤，歷史事件、人物如同機會、命運牌，影響歷史發展。